HISTOIRE
DV ROY
LOVIS LE GRAND
Par les Medailles, Emblêmes, Deuises,
Jettons, Inscriptions, Armoiries,
et autres Monumens Publics

Recuëillis, et Expliquéz par le Pere
CLAVDE FRANCOIS MENESTRIER
DE LA COMPAGNIE DE IESVS.

A PARIS
Chez I.B. NOLIN Graueur du Roy sur le Quay de l'Hor=
loge du Palais, proche la Rue de Harlay, a l'Enseigne de la
Place des Victoires.
AVEC PRIVILEGE DV ROY
1689.

Aux Augustes Enfans de France

LOVIS DVC DE BOVRGOGNE,

PHILIPPE DVC D'ANJOV,

CHARLES DVC DE BERRY;
Fils

DE LOVIS DAVPHIN DE FRANCE.
Petits Fils

DE LOVIS LE GRAND.

l'Invincible, le Sage, le Conquerant,
la Merueille de son Siecle,
la Terreur de ses Ennemis,
l'Amour de ses Peuples,
l'Arbitre de la Paix, et de la Guerre,
l'Admiration de l'vniuers,
et digne d'en estre le Maistre.

CLAVDE FRANÇOIS MENESTRIER DE LA COMPAGNIE DE IESVS
Offre auec vn Profond Respect
LE MODELE D'VN HEROS ACHEVE'
en leur Presentant les Images de l'Histoire d'vn Regne
Digne de l'Immortalité
et de la Veneration de tous les Siecles.

LVDOVICVS MAGNVS REX

Sonnet.
LOUIS occupe seul le Temple de la Gloire,
La grandeur de son nom, et ses faits immortels,
parmy les nations auroient eu des autels,
Rien de si grand que luy ne s'offre a la Memoire.

Des siecles a venir il remplira l'histoire,
les Princes comme luy doiuent estre eternels,
les Grecs et les Romains n'en eurent point de tels,
et nos neueux un iour auront peine a le croire.

Heros disparoissez, il vous efface tous,
ce qu'il a fait pour luy, ce qu'il a fait pour nous
a la Posterité fournit de grands exemples.

Mais l'heresie eteinte et le vice abbatu
sous les vastes debris de plus de mille temples,
veulent que l'uniuers en dresse a sa vertu.

Claude François-Menestrier
de la compagnie de Iesus.

NAISSANCE DV ROY, FILS DE LOVIS XIII.
ET D'ANNE D'AVSTRICHE

la Medaille represente la disposition du ciel au point de la naissance du Roy, le 5. Septembre, 1638 a onze heures 22 minutes —
auant-Midy, auec ces mots LEVER DV SOLEIL DE LA FRANCE. la Victoire conduit le char du Soleil, parcequil naquit au milieu
des Victoires de son Pere.

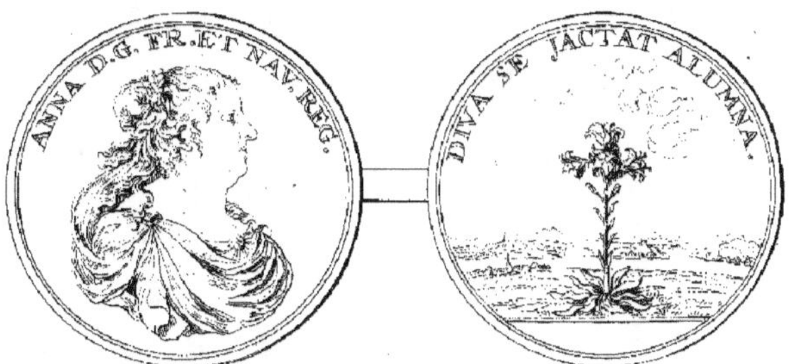

les Fables ont dit que c'estoit du lait de Junon que le Lys auoit esté formé, c'est le sujet de cette Medaille auec ces mots D'VNE
DEESSE IL TIRE SA NAISSANCE.

COMMENCEMENT DV REGNE LE 14
MAY 1643

la Reine Regente sous le symbole de l'Estoille du matin qui va deuant le Soleil auec vne Legende qui dit DV SOLEIL QVI SE —
LEVE ELLE REGLE LE COVRS — le 18 May 1643 le Roy tint son premier Lit de Justice au Parlement et fit declarer la —
Reine sa Mere Regente.

J. B. Nolin Excudit C. P. R.

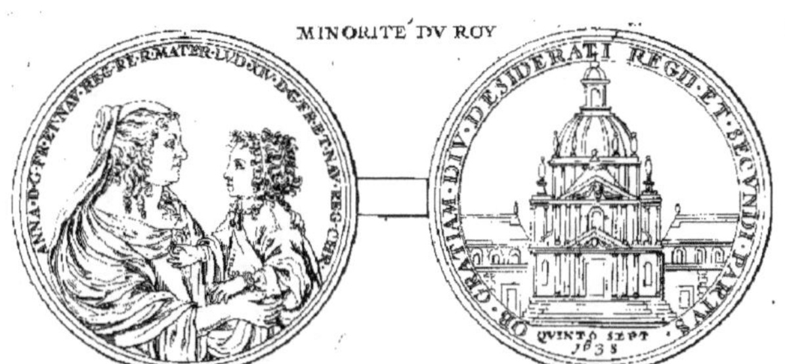

la Reine ayant fait vn voeu pour obtenir du ciel des Enfans s'en aequita durant sa Regence par la fondation du Magnifiq. Monastere du Val de Grace representé dans la medaille auec vne Inscription qui dit que C'EST EN ACTION DE GRACES DES ENFANS QVE LE CIEL LVY A DONNEZ. cette Medaille fut mise dans les fondemens du Val de Grace = auec la premiere Pierre.

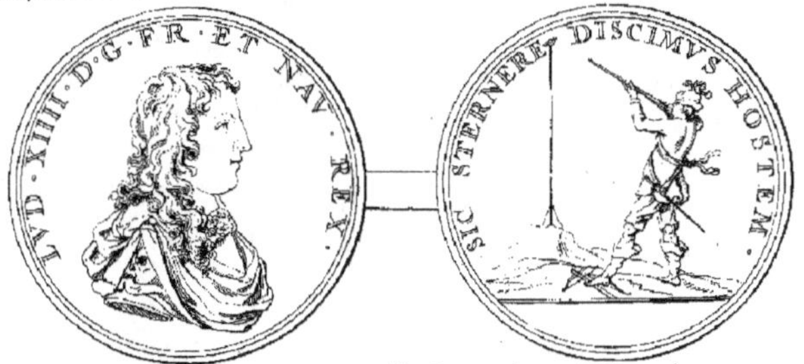

le Roy des sa Ieunesse s'exerçoit a tirer aux oiseaux et a faire des armes. la Legende dit que, C'EST AINSY = QV'IL APPRENOIT A FAIRE LA GVERRE A SES ENNEMIS, ET A LES VAINCRE. le 26 Iuin 1659 il fit aux Thuilleries l'ouuerture d'vn Prix Royal de l'Arquebuse establi par le S.r de la Chesnaye Grand Arquebusier de France.

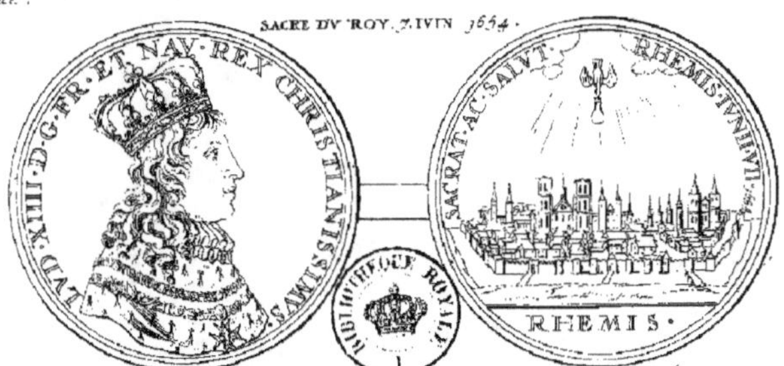

la Medaille represente le Roy auec les habits Royaux, et les grands Colliers des ordres, qu'il receut de l'Eueque de Soissons le lendemain de son sacre, et les donna ensuite a Monsieur son Frere Vnique. le reuers est la S.te Ampoule qui descend du ciel, auec la Ville de Rheims ou se fit le sacre. et la Legende nous apprend que ce fut le 7 Iuin 1654 qu'il fut sacré et salué Roy par les Princes, les Prelats, les Pairs du Royaume, et les Officiers de la Couronne.

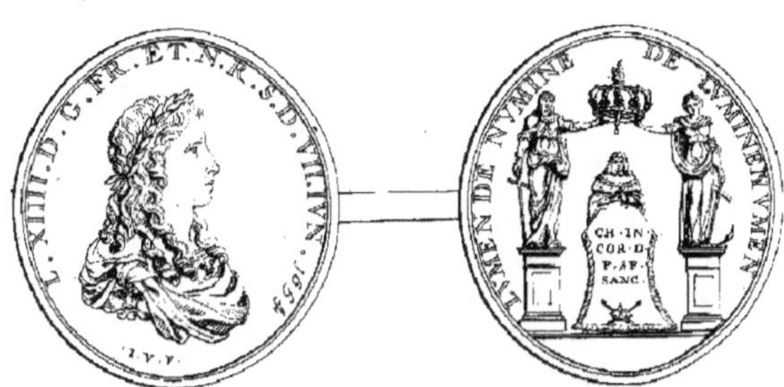

cette Medaille de figure oüale a la maniere de celles auxquelles l'Eglise attache des Indulgences ;
regarde la Ceremonie de l'ordre du St Esprit, qui fut donné au Roy le lendemain de son Sacre. la Legende
L. XIIII. D. G. FR. ET. N. R.. S. D. VII. IVN. signifie LOVIS XIIII PAR LA GRACE DE.
DIEV ROY DE. FR. ET DE NAV. SACRE LE 7. IVIN. au reuers il est a genoux sur un
prie Dieu, la Foy, et l'Esperance tiennent la couronne surmontée d'une flame, pour representer la
Charité. le St Esprit enforme de Colombe descend de cette couronne, auec la Ste Ampoule. sur le tapis
du prie Dieu. on lit CHAR. IN COR. D. P. SP. SANC. c'est a dire CHARITAS IN CORDE DIFFVSA
PER SPIRITVM SANCTVM. QVE LA CHARITE QVI NOVS EST DONNEE
PAR LE S'ESPRIT, EST REPANDVE DANS LE COEVR. DV ROY PAR L'ONCTION
SAINTE la Legende   LVMEN DE NVMINE, DE LVMINE NVMEN. veut dire que
LA VERITABLE LVMIERE QVI EST CELLE DE LA FOY, VIENT DE DIEV POVR
FAIRE VN CHRESTIEN, ET QVE L'AVTHORITE ROYALE QVI FAIT VN ROY
TRES CHRETIEN, VIENT DES LVMIERES DE LA FOY. ce sont deux onctions celestes et Divines
l'une du Baptesme qui a fait Louis 14 Chrestien, et celle du sacre. qui a acheué de le declarer
Roy tres Chrestien.
cette Medaille fort petite est de Varin, comme on Justifie par ces 3 Lettres I. V. F. Joannes Varin
Fecit. elle est d'une fleur de coin ou peu de Medailles peuvent arriver.

cette Medaille. quoy que frappée depuis peu.
marque le premier Evenement de ce Regne. qui
fut la Fameuse Victoire de Rocroy remportée le
19. May 1643. sur les Espagnols le 5e Iour du
Regne. le Type est un Trophée sur laquel est la
Victoire qui voltige en l'air. et l'Inscription la nomme
LA VICTOIRE AISNÉE ou primitiue. la Teste
est un Vieux coin de Varin et represente le Roy
a l'âge de 12. ou 13 ans.

la Ville de Montmedy reduite a l'obeissance
du Roy l'an 1657. est le sujet de cette medaille
ou l'on voit les armoiries de cette ville couronnées
d'une couronne murale sur un Trophée d'armes
eleué au milieu d'une Montagne pour faire allu-
sion au nom de Montmedy et a sa situation aussi
ces mots LES PREMICES DES ARMES. parce
que le Roy en fit comme sa premiere Campagne.

BATAILLE DE FRIBOVRG, ou Louis de Bourbon Duc —
d'Enguien le 3 Aoust 1644 defit l'armée Bavaroise dans ses retrenchemens et prit dix Villes sur le Rhin dont la Victoire a les armes sous les pieds.

LA PAIX DE MVNSTER conclu le 24 octobre 1648 entre le Roy, l'Empereur, les Electeurs et Princes de l'Empire pour la Liberté de l'Allemagne. la Paix tient la balance de la Iustice.

Declaration du Roy pour l'Establissement d'un Hospital General, ou la charité, la pieté, et la Magnificence, du Roy éclatent par l'entretien d'un tres grand nombre de Pauvres. le 27 Avril 1656.

le 7e Septembre 1651 le Roy alla tenir son lit de Iustice au Parlement, ou il se declara Majeur. il est representé couronné par la Victoire vestu en Heros, avec un baston de Commandant: et c'est LA GLOIRE DES FRANÇOIS, de vivre sous un Roy de cette sorte.

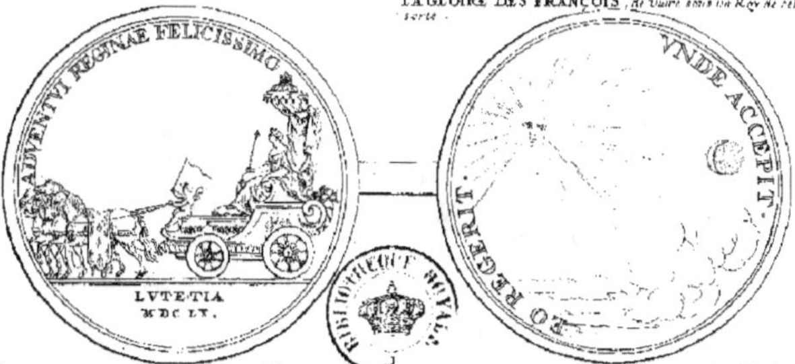

Marie Therese Infante d'Espagne, fille de Philippe IV. Roy d'Espagne ayant Espousé le Roy fit son Entrée Solennelle dans Paris le 26 Aoust 1660 l'Amour conduit son char et la Medaille la represente sous le Symbole de la Lune qui reflechit vers le Soleil tout l'Eclat qu'elle en reçoit, c'est ce que signifie le mot de la Devise.

LA PAIX ET LE MARIAGE
DV ROY.
1660

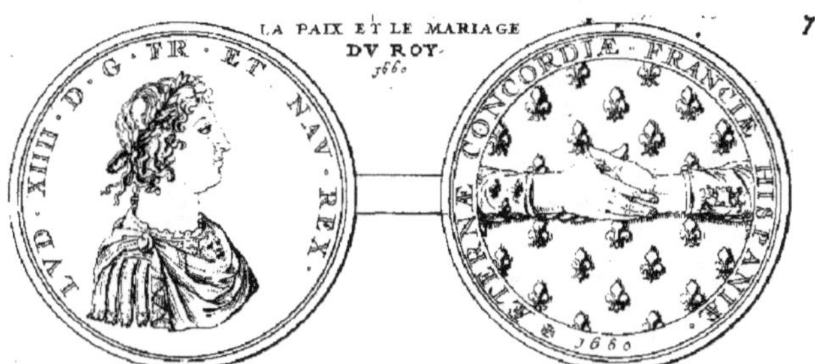

LVD · XIIII · D · G · FR · ET · NAV · REX ·

ÆTERNÆ CONCORDIÆ FRANCIÆ HISPANIÆ
1660

Conclusion de la Paix entre la France et l'Espagne dans l'Isle des Faisans, sur les confins des deux Royaumes, le 7 Novembre 1660 et les conditions establies pour le Mariage du Roy et de l'Infante.

LVD · XIIII · ET · MAR · THER · D · G · FRA · ET · NAV · REX · ET · REG ·

FÆCVNDIS IGNIBVS ARDET
1660

Ceremonies du Mariage du Roy faites a S. Jean de Luz le 9 Aoust 1660 apres auoir esté faites a Fontarabie le 4. la Deuise est la Terre esclairée du Soleil. C'EST PAR SES CHASTES YEVX, QU'ELLE DEVIENT FECONDE.

POVR L'ENTREÉ DE LA REINE.

MAR · THER · D · G · FR · ET · NAV · REG ·

NON LÆTIOR ALTER
1660

la Rosée
ELLE PROMET DES IOVRS BEAVX ET SEREINS

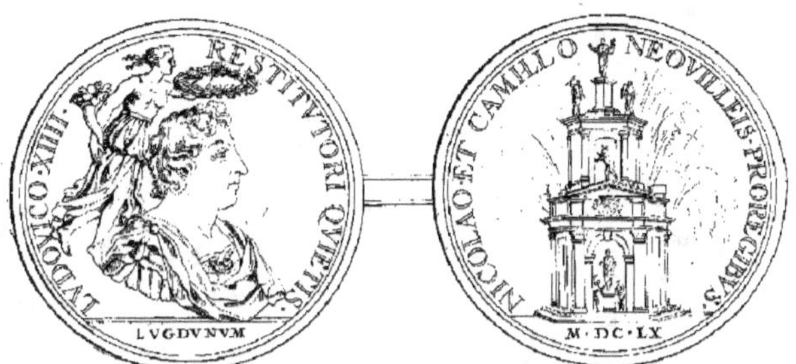

La Ville de Lion pour conseruer le souvenir de la Paix donnée a l'Europe, par le Mariage du Roy fit cette
medaille ou la Paix couronne le Roy d'une couronne d'olivier POVR AVOIR RETABLI LE REPOS le Re=
uers fait voir le Temple de Ianus en Feu d'Artifice, et de Reiouissance sous L'Heureux Gouvernement de Nicolas
de Neufville Marechal de France, et de l'Archeveque son frère Camille de Neufville. 1660.

Pour la citadelle de Marseille, cette Inscription fut grauée) la Felicité du Regne est representée en cette
sur la premiere Pierre posée le 3.ͤ Feurier 1660.) medaille a la maniere des Medailles antiques.
ne Fidelis massilia aliquorum moribus soepius concitata in proprium
Regnique damnum vel audaciorum petulantia vel nimiæ Libertatis cupidine
tandem rueret LVD. XIV. Gall. Imp. optimatum Populique securitati hac
arce Prauidit.

le Roy donna tous ses soins a l'Establissement du Commerce dans ce Royaume l'an 1668. il enuoya des Flotes
aux Indes, regla les affaires de la Marine, donna de nouueaux Priuileges aux arts et aux manufactures. l'vne
de ces medailles marque LA NAVIGATION RESTABLIE, et l'autre sous l'Image de Minerue la France qui
est armée pour combatre, et qui d'ailleurs protege les arts. cette Medaille surfaite pour les Bastimens Royaux

le Roy prend en main le timon du Gouvernement de l'Estat sous l'Image du Soleil assis sur le Globe du Monde ou il met l'ordre et la felicité.

le Genie de la France recoit Monseig. le Daufin a sa Naissance le 5 Nouembre 1661.

le Roy retire des mains des Anglois la Ville de Dunquerque et par cette sage preuoyance pouruoit a la sureté de la France.

Dans un temps de necessité publique le Roy soulagea le Peuple par des distributions de bled, et de pain, cuir aux Thuilleries 1662.

le 18 Nouembre 1663 le Roy renouuella dans l'Eglise de N.D. l'Alliance auec les Suisses, et leurs alliez pour luy et pour Monseig. le Daufin.

l'Excuse que fit le Marquis de la Fuente de l'Entreprise de Vatteville en
Angleterre, assure LA PRESEANCE DE NOS AMBASSAD.rs
SVR CEVX DV ROY D'ESPAGNE. CETTE SATISFACTI-
ON, SE FIT EN PRESENCE DE XXX AMBASSADEVRS, OV
RESIDENS DE DIVERS PRINCES. 1662.

le Roy estant allé avec vne nombreuse armée sur la fin de May
1667, en Flandres, pour les droits de la Reine son Espouse, PRIT
TOVRNAY, ET COVRTRAY, qui luy presentent leurs clefs,
tandis que la Renommée le couronne et va publier par tout ses
Victoires.

l'Arc de triomphe pour les Conquestes du Roy, elevé au
de la du Fauxbourg St Antoine proche Vincennes.

le Roy qui tient le timon de l'Estat, couronné de Laurier, Mons.r
son frere Vnique, qui luy presente vne Palme apres auoir gagné
la Bataille de Cassel, AVEC LES TROVPES ET LA FOR-
TVNE DV ROY. 1677.

le Passage du Rhin sous les Auspices de la Victoire qui
marche tousjours deuant le Roy. le 12 Iuin 1672.

la Victoire remportée sur les troupes des Confederez auprés
de Seneff, par le Prince de Condé, OV X·M· DES ENNEMIS FV-
RENT TVEZ, OV PRIS, ET CVII· DRAPEAVX ENLEVEZ.

le Roy envoye deliurer les Esclaues detenus a Alger.
ces Esclaues deliurez viennent a ses pieds luy rendre graces.

le Cardinal Flauio Chigi neueu du Pape Alex. VII anim en qualité de
Legat faire en son nom, et au nom de toute sa maison, excuse au Roy,
sur l'affaire des Corses. 29 Iuillet 1664 a Fontainebleau.

Mr. le Duc de Crequy Ambassad. de France a Rome ayant esté
insulté par les Corses, pour reparation de cette Iniure les Corses furent
pour tousiours declarez incapables de seruir le Pape, et une Pyramide
fut eleuée au lieu ou s'estoit fait l'attentat:

le Roy dés l'an 1665 par de frequentes reuues dressoit ses troupes
en temps de Paix, pour sen seruir utilement en temps de Guerre pour
ses Conquestes qui ont estonné toute l'Europe.

l'an 1665 se fit l'Establissement d'une compagnie pour le commerce
des Indes orientales, qui enuoya une flotte a l'Isle de Madagascar
dont elle auoit obtenu le don du Roy. les anciennes Medailles mar-
quent les colonies par des Boeufs, et des charruës.

un corps auxiliaire de bons françois envoyé par le Roy au secours
de l'Empereur, battit les Turcs auprès du Raab, et fit perir treize, ou
quatorze mille de ces Infideles. le 5 Aoust 1664.

le Roy par la vigueur de ses Edits, et par sa fermeté a les faire observer, a enfin aboli les duels, et sa Iustice tient egalement la Noblesse, et le Peuple dans le devoir.

C'est par la protection que la France a donnée a la Hollande, que la Puissance des Estats s'est establie, et qu'elle a subsisté plus d'un Siecle.

la Iustice remet ses balances, et son Espée entre les mains du Roy, qui est dans son trone comme LE IVGE DES IVGES.

le Roy apres ses conquestes, seulement POVR GARDER SA PAROLE, rend aux Espagnols la Franche Comté 1668.

le Roy apres avoir establi une Academie des Sciences, fait bastir un Palais magnifique POVR OBSERVER LES ASTRES, 1667, on le nomme communement L'OBSERVATOIRE.

le Roy en faxone du Pape Clement IX, permet d'abbatre la Pyramide dressée a Rome, pour laisser a la posterité un monument public de l'attentat commis contre son Ambassadeur. LA PIETE DV ROY, FAIT CE SACRIFICE A LA RELIGION 1667.

on a frappé cette medaille pour conserver le souvenir de la Bataille de Norlingue gagnée sur les Allemans par le Duc d'Enguien depuis Prince de Condé la 2e année du Regne du Roy. elle dit que ce Jeune Prince ne pouvoit pas commencer son regne, SOVS DE MEIL: LEVRS AVSPICES.

LA FACILITÉ QVE LE ROY DONNE A TOVT LE MONDE, de l'approcher pour luy presenter des placets, est le sujet de cette Medaille. ou cette facilité est appellée LA FELICITE PVBLIQVE.

C'est la Devise du Roy qu'il commença à porter l'an 1666. J'ay Justifié cette devise par un Livre entier contre ceux qui l'attribuoient faussement à Philippe 2. Roy d'Espagne.

le clergé de France ayant esté longtemps divisé par les matieres de la Grace, et des cinq Propo= sitions condamnées par les Papes Innocent X. et Alexandre VII. le Roy imposa silence aux deux Partis ET RENDIT LA PAIX A L'EGLISE, en faisant signer un formulaire dressé par l'Assem= blée du clergé. L'authorité de l'Eglise est representée par des clefs, la Royale par le Sceptre et la Main de Justice, la Doctrine par le Livre, l'Eglise par l'Autel, et les mots disent QVE LA GRACE ET LA PAIX VIENNENT DE DIEV.

ces deux Rivieres sont le Rhin et l'Issel, effrayez de la vi-tesse avec laquelle le Roy les passa ROMPANT CES BARRIERES DE LA HOLLANDE, et portant par tout la TERREVR, en mettant en FVITE les Ennemis.

L'Armée Françoise aprés la prise de la Ville d'Aire, et du Fort de Linck, marcha au secours de Maestrich. la celerité de cette Expedi-tion est representée par une Victoire qui vole, et qui tient d'une main une flêche, et de l'autre une couronne murale Symbole DE LA PRISE D'AIRE.

IL FAIT LA PAIX, SVR LA TERRE, ET SVR L'ONDE .
le Port de Sette construit a la teste du Canal pour la Ionction des Mers 1666 .
la premiere Pierre fut mise auec vne Medaille d'or, et la ceremonie fut accompagnée de grandes
rejouissances, le 29 Iuillet . la Legende dit QVE L'ON A FAIT VN PORT COMMODE ET
ASSVRÉ, EN VNE COSTE DANGEREVSE .

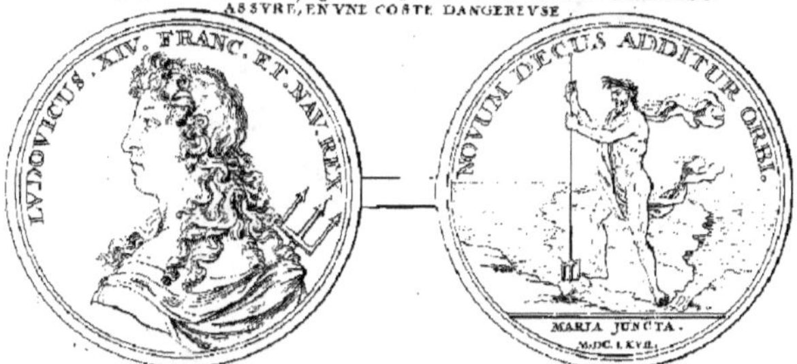

la premiere Nauigation sur le Canal, se fit depuis Neuronse, au bruit du Canon et auec vn Concert de Hautbois, le 25 Mars 1672 . et
se continua le lendemain, depuis Montgiscard jusqu'à l'Embouchure de la Garonne . la Medaille dit que C'EST POVR LE MONDE
VN NOVVEL ORNEMENT , QVE CE CANAL POVR LA IONCTION DES MERS .

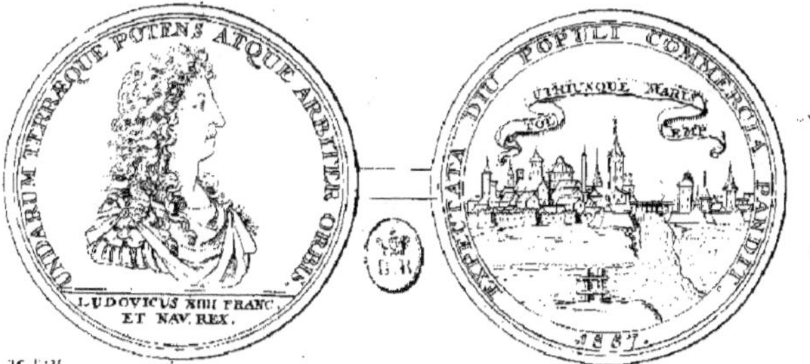

cette Medaille represente le Roy puissant sur mer, et sur terre, et arbitre du Monde ; et la ville de Tolose comme la ville des
deux Mers, pour la facilité du commerce . les Premieres Pierres de la Premiere Ecluse du canal furent Benites par l'Arche=
veque de Tolose et Posées l'vne par le premier President du Parlement, et l'autre par les capitoux, le 17 Nouembre 1667 .

ces deux Medailles representent deux differens Desseins de la Façade du Louvre comme d'un MONVMENT AVGVSTE CONSACRE' A LA MAJESTE', ET A L'ETERNITE' DE L'EMPIRE FRANÇOIS, ces Desseins ont depuis este' changez.

la Victoire avec quatre couronnes Murales qu'elle montre au Rhin estonné, represente les 4. sieges de Vesel, Orsoy, Burich, et Rhinberg, par lesquels le Roy commença a entrer en action contre la Hollande, et CES 4 VILLES PRISES EN MESME TEMPS.

LA VICTOIRE COVRONNE LA PREVOYANCE QVI A FORTIFIE' DES PLACES sur toultes les Frontieres ET ESTABLY DES MAGASINS Pour la sûreté du Royaume.

LA SECONDE CONQVESTE DE LA FRANCHE COMTE' fit voir que LA FORTVNE EST CONSTAMMENT ATTACHE'E aux armes tousjours Victorieuses de Louis le Grand.

c'est la Façade du Louvre en la Maniere qu'elle est a present et la Legende est la meeme des deux Medailles precedentes.

le Rhin estonné de voir passer a Nage la Caualerie Françoise, pres du Fort de Tolhuys, en presence des Ennemis. LE RHIN, ET LA HOLLANDE, ENSEMBLE SVBIVGVEZ.

LA VALEVR INCOMPARABLE DV ROY, qui prend en treize Iours de Siege Maestrich 1673, la Foudre mon que la vitesse de l'Expedition, et borne la Meuse sur la quelle est Maestrich.

Prise de Besançon. LOVIS LA PRIT DEVX FOIS, ET CESAR VNE SEVLE. la Victoire tient deux Palmes.

la Victoire presente au Roy trois couronnes sur un Bou: chier, pour autant de glorieux succez DE SON ARMEE VICTORIEVSE.

le Roy en triomphateur. POVR AVOIR SVBIV: GVE VNE SECONDE FOIS LA FRANCHE COM: TE, ET REVNI VNE PROVINCE ENTIERE A LA FRANCE.

Rien n'est difficile A LA VALEVR FRANÇOISE. la Victoire est a ses gages et porte la foudre pour elle, le Dieu qui arrose Besançon en est estonné.

PARIS a vu sous ce Regne toutes ses Portes renouvellées, le rempart eleué et planté, les rues elargies, les Quais et les Ports ouverts sur la Seine. la Porte de S. Martin, et la Porte de S. Denis sont figurées dans la Medaille, et la Ville qui tient le Vaisseau de ses Armoiries.

PHILIPSBOVRG FORTIFIE est representé par cette medaille, ou l'on voit un bastion auec les armes de France, et au dessous les marques de l'Euesque de Spire qui fit bastir cette Place, celebre par ses trois Sieges, dont le dernier est si glorieux à Monseigneur le Daufin.

LA VITESSE INCROYABLE auec laquelle le Roy se rendit maistre de toute la Franche comté, l'an 1668. en dix Jours, est representé par un char tiré par des chevaux aislez.

ce Superbe Bastiment destiné a seruir de retroitte aux Soldats, **QVE LA VIEILLESSE, OV LES BLESSVRES ONT RENDV INVALIDES**, est digne de la Magnificence du Roy.

LA PREVOYANCE, ET LA VITESSE, auec laquelle le Roy forma le siege de Gand rendirent celebre la campagne de 1678. la vitesse a pour Symbole les aisles, une fleche, et un sable à marquer les heures, la Preuoyance tout ce qui est necessaire à former une entreprise.

LA PRISE DE GAND, ROMPIT LES ESPERANCES DES ENNEMIS, ET LEVR OSTA LES MOYENS DE SECOVRIR LEVRS AVTRES PLACES. le Parc est l'ancienne deuise de la Ville de Gand, le Lion l'Armoirie de la Flandre.

la Paix, brule des armes, et la Victoire tenant un pied sur un
chien fidele gardien des maisons, attache des Boucliers a un Palmier
et les consacre A LA MEMOIRE DV DEFENSEVR DE SES AL-
LIEZ, POVR AVOIR VAINCV TROIS FOIS LES ALLEMANS,
ET LES HOLLANDOIS, ET POVR AVOIR RESTABLI LES
SVEDOIS.

LE ROY EN TEMPS DE PAIX ENTREPRIT DE GRANDS
BASTIMENS, comme L'Alcyon. bastit son Nid sur la Mer durant
le calme.

LA SVRETÉ DE LA FRANCE, depend de la vigilance
du Roy, qui par les soins Infatigables quil se donne, nous fait
Iouir d'un parfait repos, mesme au temps des plus grandes
Guerres.

DIX VILLES DE L'ALSACE, CEDEÉS AV ROY EN
TOVTE SOVVERAINETÉ. L'Alsace rend hommage a la
France et reçait d'Elle les fleurs de Lys. les armoiries des dix
villes font le tour de la Medaille.

la Victoire presente au Roy le Globe du Monde, sur lequel il
met vne couronne d'olivier Symbole de Paix. la Legende dit
AV PACIFICATEVR DV MONDE.

l'Affaire des Maisons basties sur les anciens fossez de la
Ville ayant esté porté au conseil. les voix furent partagées, et
le Roy pouvant decider en sa faueur, donna sa voix en faueur
des particuliers, ET PERDIT AINSY SA CAVSE par son seul suffrage.

le 9 Ianuier 1676 l'armée Nauale de France commandée par le S.r du Quesne defit celle de Hollande, et d'Espagne, pres de l'Isle de Stromboli aux costes de Sicile. le Vice admiral Ruyter qui commandoit pour la Hollande fut tué. la Victoire est sur vne Galere. Vn an auparauant l'onzieme feurier le Marechal Duc de Vivonne, donna la chasse a l'armée Nauale, et entra Victorieux dans le Port de Messine. et prit la Ville d'Agosta le 17 Aoust 1676. l'an 1676, le Duc de Vivonne alla attaquer les Flotes Enne: mies dans le Port de Palerme Brula ou Coula a fond six Galeres et douze Vaisseaux.

le Roy ayant pris la Ville de Cambray, l'an 1677. cette Ville fit faire cette medaille, vn an apres, le mot latin qui signifie NOVS VIVONS PLVS DOVCEMENT. marque l'anneé en lettres chroniques. MDCLVVVVVIII.

le Comte d'Estrées Vice admiral, et depuis Marechal de France, defit l'armée Nauale des Hollandois a l'Isle de Tabago dans l'A: merique. le Chevalier Binque qui commandoit la Flote Hollandoise y fut tué le 14 Auril 1677. la Victoire est la Foudre a la main sur vne Galere desarmée.

Medaille pour les Bastimens du Roy. Deuise le Roy des Abeilles avec son Essaim. LES GVERRES NE FONT PAS CESSER LEVRS OVVRAGES.

POVR LA PAIX FAITE SELON LE BON PLAISIR DV ROY. ET AVX CONDITIONS QVIL VOVLVT. vn Foudre Symbole de la Guerre lié a vn Caducée Symbole de Paix.

le Secret tenant un doigt sur sa bouche, selon la doctrine mys=
terieuse des Egyptiens, est Icy appellé le Sage VEPOSITAIRE
DES RESOLVTIONS DV ROY.

LA FERMETÉ ET LA VIGILANCE ASSIDVÉ DV ROY
dans le soin qu'il prend de ses Estats, est representé sous la figure
d'un Prince assis comme un sage Pilote, qui tient le Gouvernail
d'un Vaisseau.

cette Medaille represente le Port de la ville de Mor=
seille, et les deux citadelles eleuées pour la sureté de ce Port,
et de cette ville apres les troubles des Guerres ciuiles, et
la legende dit QVELLE EST MAINTENANT A COVVERT
DE TOVTES LES   TEMPESTES.

l'Ange de la France accompagne partout le Roy, prest a le defen-
dre, et a combattre pour luy, veillant A LA CONSERVATION
DV MEILLEVR DE TOVS LES PRINCES, ET SERVANT A LA
GLOIRE DE CE GENEREVX CONQVERANT.

l'Ordre militaire de St Lazare de Hierusalem, remabli par le
Roy, chef de cet ordre en France. il auoit esté uni a l'Ordre du
Mont Carmel par Henri IV. le Roy l'a pris sous sa protection, et
a establi un grand nombre de Commanderies.

le Roy sous le Symbole du Soleil monté sur son char, va auec
la mesme rapidité de conqueste, en conqueste et ces douze villes
de Hollande prises par ses armes Victorieuses, sont representés
comme LES TRAVAVX DV SOLEIL de la France.

l'heureux Mariage de Monseigneur, et de la Princesse de Bauiere, SOVS LES AVSPICES DE LA VICTOIRE, ET DE LA PAIX 1680.

LES PIRATES BATTVS A CHIO, EN PRESENCE DES TVRCS. un Africain est aux pieds de la Victoire, entre la Ville de Chio, et l'Armée nauale.

Strasbourg auprès du Rhin fortifié, MET NOS ALLIEZ A COVVERT, ET BRIDE LES ENNEMIS

la Ville de Strasbourg rendue au Roy, acquiert le repos et voit LES AVTELS RETABLIS, par la pieté du Roy.

CASAL SE DONNANT AV ROY, et luy rendant hommage, assure LE REPOS DE L'ITALIE. 1683.

CASAL ET STRASBOVRG, ACQVIS EN VN MESME IOVR. le 30 Sept. 1681.

ce Jupiter qui menace de sa Foudre vne Ville situé sur le
bord de la mer, est l'Image du Roy qui CHASTIE LA VIL:
LE DE GENES, EN LANÇANT SES FOVDRES CON:
TRE LES ORGVEILLEVX.

LE DOGE DE GENES APPELLÉ a Paris, pour
faire satisfaction au Roy. 1685.

GENES SOVMISE, OV LE DOGE ACCOMPA:
GNE DE QVATRE SENATEVRS, POVR FAIRE AV
ROY LES SOVMISSIONS DE SA REPVBLIQVE.

la Religion Couronne le Roy, POVR AVOIR REVSI
A L'EGLISE DEVX MILLIONS DE CALVINISTES.

L'EDIT D'OCTOBRE, 1685, pour la Revocation de
l'Edit de Nantes, fut l'Entiere EXTINCTION DE L'HE:
RESIE en France, et le triomphe de la Religion Catho:
lique Romaine.

le Marechal Duc de la Feuillade a elevé ce Magnifique monum.t
dans la Place des Victoires, a Louis le Grand digné d'estre Im:
mortel. COMME AV PERE DES ARMEES, ET A LEVR CHEF
TOVSIOVRS HEVREVX.

LA VILLE DE PARIS est Representée en cette
Medaille Paisible, Heureuse, et Abondante, sous un
Regne qui fait LA FELICITÉ PVBLIQVE.

la Nouvelle Invention des Monnoyes marquées sur
le cercle exterieur, pour l'Empescher d'estre Rognée
est representée en cette Medaille auec le Balancier, et le
Laminoir, autrefois proposez par Nicolas Briot Tailleur
general des Monnoyes de France, et perfectionnez sous ce
Regne.

le Roy a fait eriger en Archevesché l'Evesché
d'Alby en faueur de Messire Ayacinthe Serroni, qui
avoit esté auparauant Eveque d'orange, et depuis Evesq.
de Mende. c'est la Religion qui luy met en main la
Croix, et qui luy ouure la Porte DE L'EGLISE D'AL=
BY, DONT LA DIGNITÉ A ESTÉ AINSY RELE=
VÉE.

la Religion eleve des Croix SVR LES RVINES DES
TEMPLES DES HERETIQVES l'Inscription suivante a
esté mise sur le Piedestal d'une de ces Croix. SVBLATA
HAERESI, RESTITVTIS ARIS, PERENNE RELIGIONIS,
MONIMENTVM CHRISTO SERVATORI POSVIT.
LVDOVICVS ———— MAGNVS 1685.

Mr. le Comte d'Avaux Ambassadeur Extraord.re
en Hollande, y fit frapper cette Medaille pour le
Restablissement de la Santé du Roy qui fait LA
SVRETÉ PVBLIQVE. Apollon Dieu de la Medecine
offre son Art a la France pour une Santé si
Pretieuse.

Ces Bastimens, et ces Iardins font assez connoitre
VERSAILLES quand son Nom ne se verroit pas
dans l'Exergue. la Legende dit que LE ROY LA
CHOISY POVR SA DEMEVRE LA PLVS ORDINAI=
RE, ET LA PLVS AGREABLE.

la Prise de la Ville de Luxembourg, l'an 1684, OSTE AVX ALLEMANS, LE SEVL PASSAGE QVI LEVR RESTOIT, POVR POVVOIR ENTRER DANS LA FRANCE. la Sureté des Prouinces est representée dans la medaille assise appuiée sur vn Bouclier, et tenant vne couronne murale.

l'Ambassade des ALGERIENS ENVOYEZ AVX PIEDS DVROY, l'an 1684 fut le fruit de LA GVERRE, FAITE PAR MER A CES PIRATES.

LA TREVE DE XX ANS.

cette Treue fut signeé le 30e. Aoust 1684, a Ratisbonne entre la France et l'Espagne, et cinq Iours apres entre la France et l'Empire, l'Echange des ratifications fut fait peu de temps apres. en l'vne des medailles la valeur est assise sur des armes, a l'ombre d'vn oliuier, en l'autre c'est la Victoire qui tient le Monde sous vn de ses pieds, le caducée en vne main et la couronne de Laurier en l'autre, la Legende dit. QV'ELLE A FAIT CESSER LA GVERRE, ET QV'ELLE A ORDONNÉ LE REPOS.

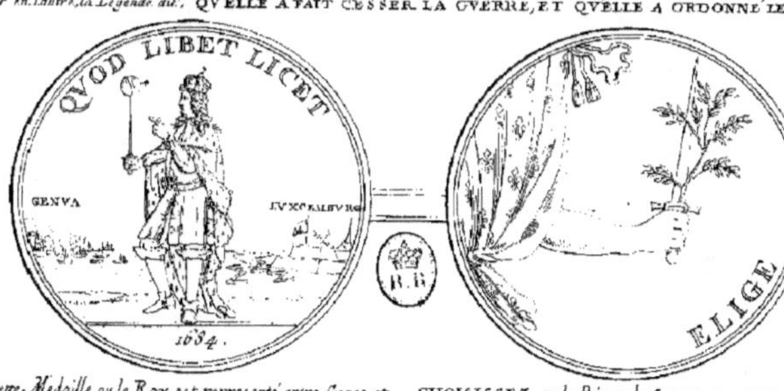

cette Medaille ou le Roy est representé entre Genes, et Luxembourg, tenant le Globe du monde sur la Pointe de son Espee, dit QV'IL EN FAIT CE QV'IL VEVT.

CHOISISSEZ, ou la Paix ou la Guerre, representez par l'épée, et la Branche d'oliuier. le rideau semé de fleur de Lys, fait mieux quel est le bras qui presente l'un, ou l'autre.

cette Medaille, a esté frappée en Hollande.

Monsieur frere Vnique du Roy le Dimanche des Rameaux 1677
defit toutte l'armée du Prince d'Orange qui s'auançoit au secours
de S.t Omer, et fit paroitre toutte la Sagesse, et la VALEVR D'VN
GRAND CAPITAINE, en cette Bataille donnée aupres de
Cassel, et en la prise de cette ville.

LA PRISE DE LA VILLE DE CAMBRAY, l'an 1677 FVT
L'ASSVRANCE DES FRONTIERES, du costé de la Picardie
un Laboureur qui conduit sa charrue et qui cultiue son champ sans
craindre les courses des Ennemis en est le Symbole.

a Louis le Grand, qui apres auoir defait les Bataues, vaincu plusi-
eure fois les Espagnols, soumis deuxfois la Franche comté, battu en diuers endroits les Allemans, chassé et Brulé les Flottes des Ennemis,
donna la Paix a toutte l'Europe, conjurée contre luy, et l'obligea de l'ac-
cepter aux conditions quil voulut. 1678.

Louis le Grand par un rare Exemple de moderation, arrestant
le cours de ses Victoires, qui luy ouuroient un large chemin a de Nou-
uelles Conquestes, et qui sembloient l'asseurer d'auoir la Fortune a ses
gages, apres tant de succez, fit voir quil n'auoit vaincu que pour donner
la Paix au Monde Chrestien, puisquil luy sacrifia tous les auantages de
ses Victoires l'an 1679.

le Roy pe pouruoir a la sureté et au bien de son Royaume, leua l'an
1680. SOIXANTE MILLE MATELOTS, distribuez en diuer-
ses classes, pour seruir A LA GVERRE, ET AV COMMERCE
dans les Expeditions nauales.

cette Medaille represente LE CANAL DE LANGVEDOC, POVR
LA IONCTION DES MERS DEPVIS LE PORT DE SETTE
sur la Mediterranee, IVSQV'A L'EMBOVCHVRE DE LA GAR-
ONNE, dans l'ocean. ce Fleuve presente a Neptune un vaisseau,
et un matelot tiens un anchre a la main.

la Valeur presente à un Algerien la teste de Meduse, pour l'effrayer par la crainte des armes du Roy donnelle le menace, et pour l'obliger, A RENDRE LES ESC:LAVES, PRIS SVR MER PAR LES PIRATES.

le Roy pour faire gouster à ses sujets les douceurs de la Paix, OVVRIT LES APPARTEMENS DE VERSAILLES A LA IOYE PVBLIQVE, y donnant le plaisir de la Musique, du Jeu, des Rafroichissemens, etc. Mercure avec un Echiquier, Apollon avec sa Lyre, et Vertumne avec ses fruits, y font remarquer LA BONTE ET LA MAGNIFICENCE DV PRINCE.

LA FRANCE FERMÉE AVX ALLEMANS, par l'acquisition de la Ville de Strasbourg et les grands ouvrages que le Roy y a fait faire pour la fortifier. 1683.

SARLOVIS, ville bastie par le Roy en Lorraine 1683 sur la Riviere de la Sare, qui la Separe en deux et d'ou luy vient son nom. Elle offre au Rhin un Fort pour sa sûreté.

LA VILLE DE STRASBOVRG, CAPITALE D'ALSACE S'EST PROCVRÉ LE REPOS en se rendant au Roy, qui l'a veritablement couronnée d'une couronne murale, en la fortifiant, comme la Victoire la couronné luy mesme de Lauri:er en le rendant maistre de cette Fille.

L'ETERNITÉ DE L'EMPIRE FRANÇOIS est comme assurée en la Succession de Monseig.r le Daufin et de ses enfans. M.r le Duc de Bourgogne naquit le 6 Aoust 1682, à dix heures 21 minutes du soir, et M.r le Duc d'Anjou le 19 Decembre à quatre heures et demie du matin. 1683.

la Mort de la Reine MARIE THERESE, arriuée le 30 Juillet 1683. causa beaucoup de douleur au Roy, et pour conseruer la Memoire d'une Reine si vertueuse, on voulut que ce Monument public apprit a la Posterité, qu'elle auoit esté un Exemple de PIETE, ET DE PVDEVR, qui sont les deux vertus qui font la Gloire du Sexe.

le Roy a la demande de l'Espagne, et en faueur de la Paix, auec une bonté tout a fait Royale, remit aux Pays Bas Sept cent mille Ecus de contributions qui luy estoient dües l'an 1684. cette Medaille ou l'on voit une couronne murale sur un trophée de Canons, et de diuers Instrumens d'artillerie represente, LA PRISE DE DEVX CENT VILLES que le Roy a forcés par ses armes victorieuses, et luy consacre ce Monum.t comme a un Heros TOVSIOVRS VICTORIEVX.

l'an 1687. le Roy fonda la Maison Royalle de St. Cyr, pour l'Entretien de trois cent Nobles Demoiselles, et ce fut Madame la marquise de Maintenon qui proposa au Roy un dessein si digne de sa Pieté, et de sa Magnificence.

la Religion et la Iustice, qui sont les Loix fondamentales des Estats sont les MAXIMES SOVVERAINES du Regne de Louis le Grand representé en son Lit de Iustice par le Soleil de sa Deuise.

A ROME

ROME pour reconnoistre par un monument public, ce que le Roy a fait en faveur de l'Eglise, fit cette medaille, ou le Prince combat d'vn costé pour les Interests de la Religion, tandis que de l'autre il foule aux pieds l'heresie, et acheue d'estouffer ce monstre dans ses Forests, les erreurs se dissipent a la presence de la verité, le culte du S. Sacrement de l'Autel est restably dans plusieurs Villes, et ce Soleil ne laisse plus de tenebres dans toutte l'Estendue de son Royaume.

EN HOLLANDE

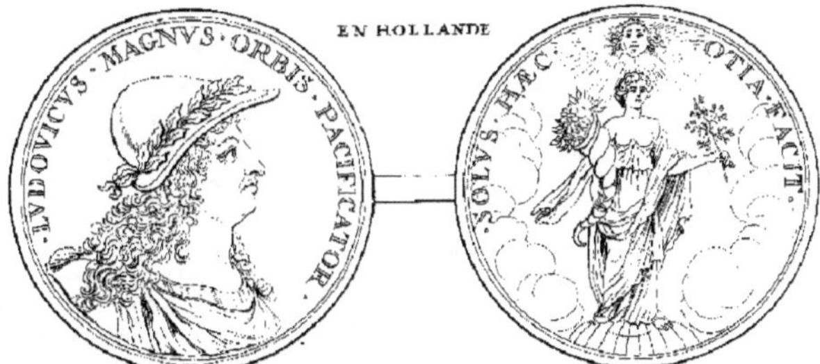

cette Medaille fut frappeé en Hollande, a l'occasion de la Treve de 20 ans entre la France, et l'Espagne, quelque temps apres la Paix de Nimegue, LOVIS LE GRAND y est appellé PACIFICATEVR DV MONDE, et la Paix tenant d'vne main vn Rameau d'olivier, et de l'autre vne corne d'Abondance, auec le Soleil qui dissipe des nuages par ses rayons, fait dire a toutte l'Europe, que CEST LVY SEVL QVI NOVS DONNE LA PAIX.

EN SVEDE

la Suede obligeé au Roy, de la Restitution des Places quelle auoit perduës dans les dernieres guerres, voulut rendre publique sa reconnoissance par cette Medaille, ou le coq perché sur le Globe du Monde, represente le Roy qui le tient SOVS L'OMBRE DE SES AISLES, comme il est appellé LE PROTECTEVR dans le reuers, ou la Gerbe est le Symbole de la Suede, le Sceptre, la Couronne, et l'Espeé de l'autorité Royale.

le François, auec la Hollande Jurant la Paix sur un Autel, en se
donnant les mains, dans un serpent plie en rond, symbole d'alliance,
et d'Immortalité; un oeil ouuert au dessus Symbole de la Prouidence.
LA FRANCE ET LA HOLLANDE EN PAIX, PAR LA MEDI-
ATION DE L'ANGLETERRE.

la Paix sur le Globe du Monde, tient Mars, et la Guerre enchaisnez, des
amours luy portent les armes de France, et de Hollande par le moyen de
celles d'Angleterre, et Mercure vient s'offrir a la Paix, pour renouueller
le commerce et l'Abondance.

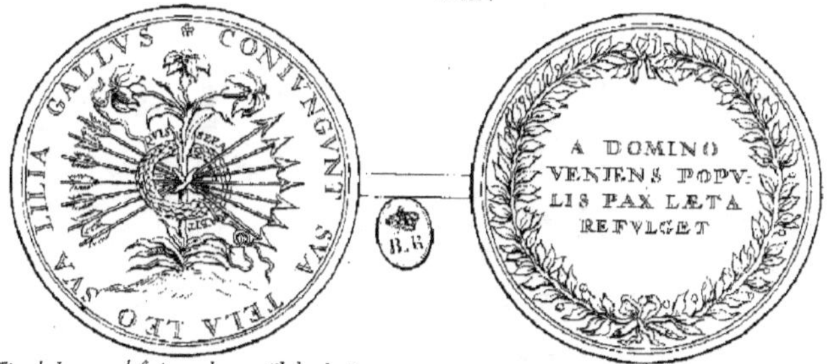

la Liberté de la Hollande, s'appuie sur la Prudence, et est soutenue
de la Paix. LA LIBERTÉ FILLE DE LA PAIX, EST NOURRIE
PAR LA PRUDENCE.

la Ville de Nimegue, au dessus de laquelle sont les armoiries de
France, et des Provinces unies, liées ensemble, le Soleil Symbole
de la Paix. QVI AVOIT FINI AV RHIN, POVR RENAISTRE AV
VAHAL.

Vne Tige de Lys, entrelassée auec les sept Fleches des Provinces
unies, par une couronne d'oliuier. QVI LES SÉPARERA: Legende
LE FRANÇOIS, ET LE LYON HOLLANDOIS, IOIGNENT LEVRS LYS,
ET LEVRS FLECHES.

LA PAIX QVI VIENT DE DIEV, APPORTE LA IOYE
AV PEVPLE.

ADSERTORI
SECVRITATIS
PVBLICAE

A L'AVTHEVR DE LA SVRETE' PVBLIQVE, la couronne de Branches de chesne, pour ceux dont la Force, et le Courage assuroient le repos, et la Felicité des Peuples.

QVOD
ARGENTORATO RECEPTO,
EODEMQVE DIE
CASALIS ARCE IN FIDEM ACCEPTA,
GALLIAE SECVRITATI,
GERMANIAE ATQVE ITALIAE
OPI FELICISSIME
PROSPEXERIT.
1681

Pour avoir assuré en mesme temps le repos de la France, de L'Allemagne, et de L'Italie, en recevant en un mesme jour les villes de Strasbourg, et de Casal. 1681.

·D·O·M·
·LVDOVIC'·MAGN·
·VICTOR·PACIF·P·P·
PER·FRANCISC·DE·HARLAY
·PARIS·ARCH·
·DVC·PAREMQ·FR·
PRIMVM LAPIDEM POSVIT
IN SEMIN·MISSIONVM
AD EXTEROS·
AN·SAL·MDCLXXXIII
INN·XI·S·PONT·

Medaille pour la Premiere Pierre de l'Eglise du Seminaire des Missions etrangeres, posée par Monseigneur L'Archeuq. de Paris François de Harlay, Duc et Pair de France, au nom du Roy Louis le Grand, victorieux et Pacifique Pere de la Patrie l'an 1683. sous le Pontificat d'Innocent XI. ce seminaire est à Paris.

QVOD BELLO
AB HISPANIS LACESSITVS,
ET CAVSA ET MILITE SVPERIOR,
LVCEMBVRGO SVBACTO;
IMMORTALEM
QVAM ARMIS NACTVS EST GLORIAM
CONCESSA ITERVM EVROPAE
TRANQVILLITATE CVMVLARIT
MDCLXXXIV

Medaille a l'honneur du Roy, qui apres la declaration de la Guerre faite par les Espagnols, et la Prise de Luxembourg pouvant se servir avantageusement de ses forces, et de ses droits, donna une seconde fois la Paix a l'Europe, et ne s'acquit pas moins de gloire par cette paix, qu'il s'en estoit acquis par ses armes victorieuses.

VRBIS
ORNAMENTO
ET
COMMODO,
PONS AD LVPARAM
CONSTR·
ANN·MDCLXXXV

Medaille pour la premiere Pierre du Pont Royal, Basti aupres du Louure, pour l'ornement et Commodité de la Ville de Paris. 1685.

Louis le Grand, pour conserver par la Religion l'Empire de la Mer qu'il a acquis par sa valeur, a fondé le Seminaire de Brest et en a confié le soin aux Peres de la Compagnie de Jesus. 1686.

RESTABLISSEMENT DE LA
SANTE' DV ROY

le Ray ayant esté guéri l'an 1687. apres avoir rendu a Dieu, dans l'Eglise de N.D. de Paris, de Solennelles actions de Graces le 30 Ianu. honora l'hostel de Ville de sa presence, et y disna servi par les Magistrats. la Medaille represente L'AMOVR MVTVEL DV ROY, ET DV PEVPLE .

LE BRVIT DE LA VERTV DV ROY, a attiré a ses pieds des Ambassadeurs de tous les endroits de la Terre, entre autres ceux du Roy de Siam, qui eurent audience Solennelle a Versailles .

cette Medaille represente la nouvelle decouverte DES SATEL- LITES DE SATVRNE, faite dans l'observatoire, l'an 1686. MM. de L'Academie des Sciences leur ont donné le nom D'ASTRES DE LOVIS LE GRAND .

LA FRANCE AYANT OBTENV PAR SES VOEVX, le restablissement parfait de la Santé du Roy, rend de Solennelles actions de Graces À DIEV, CONSERVATEVR DV PRINCE .

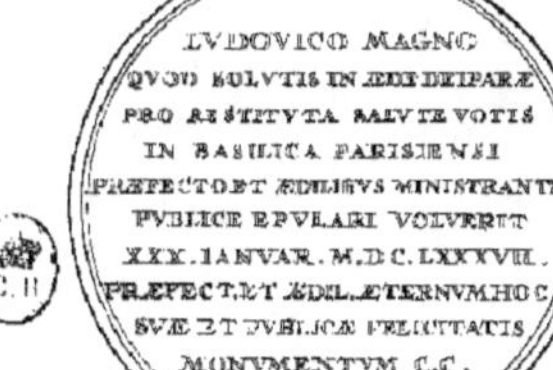

LES VOEVX DE LA FRANCE, POVR LA SANTE' ET LA CONSERVATION DV MEILLEVR DE TOVS LES PRINCES .

le Prevost des Marchands, et les Eschevins de Paris, ont fait frapper cette Medaille a la Gloire de Louis le Grand, qui apres avoir rendu ses voeux a Dieu dans l'Eglise N.D. pour le restablisse- ment de sa santé, fit l'honneur a la Ville de disner dans son hostel, servi par le Prevost des Marchands, Eschevins, etc. le 30. Ianu. 1687.

le Sieur Bertinet fit ce Medaillon pour la Paix et le proposa pour
Prix a celuy qui seroit le plus Beau Sonnet a la Gloire du Ray. il
represente le Soleil qui dissipe les Brouillars et chasse les oiseaux
de Nuit et les Monstres et la Legende tirée du Ps. 45. dit VENEZ
ET VOYEZ LES OVVRAGES DV SEIGNEVR, ET LES
PRODIGES QVIL A FAITS SVR LA TERRE. IL A FAIT
CESSER LES   GVERRES.

LA LIBERALITÉ RECOMPENSE LES
ARTS, et represente les Bienfaits du Ray
repandus sur les personnes les plus habiles dans
les Beaux Arts.

c'est le Plan de Philipsbourg Pris par L'Armée du Ray
commandée par Monseig.r la Victoire qui tient un pied sur
l'urne du Rhin, et une Couronne murale marque cette conqueste si Glorieuse a Monseigneur, et le temps fait voir
que c'est SAGEMENT que l'on s'est rendu maistre de
cette Place si Importante a l'Estat de nos affaires en
Allemagne.

une couronne de Grenades et de Roses offerte A
LOVIS LE GRAND, PROTECTEVR DV ROY ET DE
LA REINE D'ANGLETERRE, ET DV PRINCE DE
GALLES, QVIL A CONSERVEZ contre les mauvais
desseins de leurs Ennemis.

la Ville de Paris pour temoigner sa reconnoissance de l'honneur que luy fit le Ray l'An 1687. de visiter
l'Hostel de ville et d'y Disner, servi par les Magistrats, luy a fait dresser une statue de Bronze, comme VN
MONVMENT ETERNEL DE SA FIDELITÉ, DE SON RESPECT, DE SA PIETE, ET DE SA RECONNOIS-
SANCE. c'est le sujet de cette Medaille.

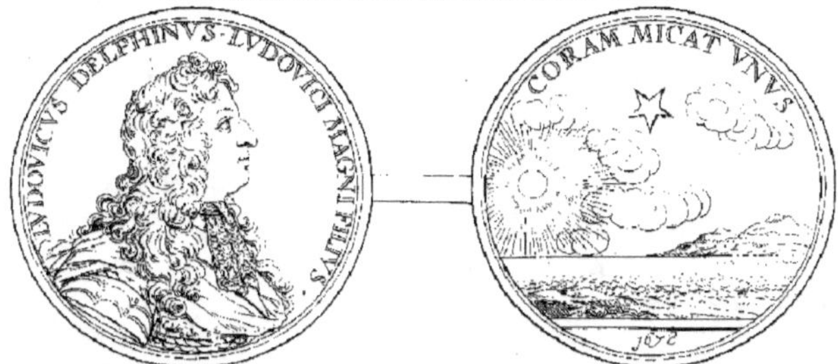

LOVIS DAVPHIN FILS DE LOVIS LE GRAND , et de Marie Therese , Infante d'Espagne. Naquit a Fontaine bleau le
1. Novembre 1661, fit sa premiere campagne l'an 1688. et prit Philipsbourg , Spire , Mayance , et soumit tout le Palatinat en moins de
Deux. Mois , sa Deuise est l'Estoille du Matin , qui SEVLE ENTRE TOVS LES ASTRES , BRILLE EN PRESENCE DV SOLEIL .

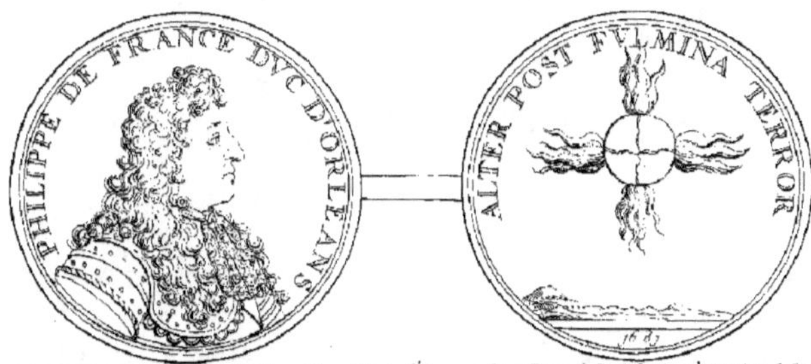

PHILIPPE DE FRANCE . Fils de Louis XIII , et d'Anne Infante d'Espagne , frere Vnique de Louis le Grand. Naquit a S. Germain en
Laye le 21 Sept. 1640. il porta d'abord le titre de Duc d'Anjou , et depuis d'Orleans en 1661 , a toujours suiui le Roy son Frere en toutes ses conquestes ; gagna la Fameuse Bataille de Cassel , fit plusieurs Sieges auec succez , et porte pour Deuise une Bombe auec des mots Latins que ——
signifient qu'APRES LA FOVDRE DES DIEVX IL N'EST RIEN DE SI TERRIBLE QVE LVY .

LOVIS DE BOVRBON Duc d'Enguien et depuis Prince de Condé , s'est rendu celebre par un grand nombre de fameuses Campagnes
il Gagna les Batailles de Rocroy , de Fribourg , de Norlingue , de Lens , et de Senef . prit dans l'Allemagne et dans les Pays bas un grand nombre de
villes , sa medaille represente un Arc de triomphe sous lequel il a passé , suiui de la Victoire qui le couronne , et tournant la teste il voit Mr. le Duc —
aujourdhuy Prince de Condé son fils qui le suit , et qui Inuite Mr. le Duc de Bourbon a Marcher sur les pas de son Ayeul , qui leur a frayé —
le chemin pour aller a la Gloire .

Messire Estienne d'Aligre Doyen du conseil d'Estat le 23 Auril 1672 fut pourueü de la charge de Garde des Sceaux, dont il
presta le lendemain le Serment entre les mains du Roy. il fut fait Chancellier de France deux ans apres le 8 Ianuier 1674. les
Armes de sa Maison sont Burellées d'or et d'azur, au chef d'azur, à trois Soleils d'or rangez. en chef la Devise de la Medaille
dit que PLVS DVN SOLEIL ECLAIRE CETTE MAISON, parce que le Pere et le Fils ont esté Chancelliers de France.

Messire Michel le Tellier Secretaire et Ministre d'Estat, apres la mort de Mr. d'Aligre fut nommé par le Roy Chancelier de France, et
Garde des Sceaux. Iamais on ne vit tant de vertu, ny tant de merite, des Suffrages de toute la France, accompagnerent le choix que le Roy
fit de ce Ministre, et LA PIETE DE SES ENFANS M. le Marquis de Louuois et M. l'Archeuesque de Rhems, a consacré ce Monum.t
à sa memoire, sous le titre de LA VERTV HEVREVSE, qui auec la Religion couronne la Iustice.

Messire Louis de Boucherat, conseiller d'Estat Ordinaire fut nommé Chancellier de France le 1. Nou.b 85. le Roy luy Scel=
la les promisions, et luy donna les Sceaux et le 2.e du mesme mois il presta le serment de fidelité entre les mains de S. M. à
Fontainebleau la Medaille represente L'HONNESTETE COMPAGNE DE LA IVSTICE.

1. 2. la Naissance du Roy. 3. 4. Naissance de M.r. 5. la Reine Mere Regente. 6. les Victoires de la Minorité du Roy sur les Allemans, et les Espagnols et des Guerres Civiles, representées par un Ieune Hercule qui estouffe des Serpens. 7. le Sacre. 8. Prise de Roses en Catalogne. 9. la Prise de Portolongone. 10. le Roy allant a la Guerre. 11. 12. 13. 14. les Victoires. 15. la Levée du Siege de Perenne. 16. les secours fournis par le Clergé. 17. 18. 19. la Paix de la Ville de Paris apres les troubles. 20. la Majorité du Roy. 21. 22. 23. la Levée du Siege d'Arras. 24. le Retour du Roy a Paris. 25. la Treve. 26. les conferences pour la Paix dans l'Isle des Faisans. 27. la Paix et le Mariage. 28. l'union des trois Estatt du Royaüme. 29. 30. 31. le Mariage, et l'Entrée de la Reine. 32. 33. la Naissance de Monseig.r 34. l'Allianee des Suisses renoüvellée. 35. l'Entrée du Legat.

36.37.38. pour la chambre de Iustice. la Iustice chasse les Harpyes. Hercule terrasse des Monstres. la Iustice suit
des Lois et des exemples pour l'auenir. 39. le Roy tenant les Sceaux. 40. le bastiment du Louure. 41. 42. les secours
donnés a l'Allemagne contre les Tures. Iosua qui arreste le Soleil et le Roy le Croissant. 43. la reformation de la Iustice. 44. le Roy va
pour les droits de la Reine en Flandre. 45. la Guerre de la Hollande. 46. Amsterdam se sauue par ses Inondations. comme Acheloüs vaincu
par Hercule se cache entre les roseaux. 47. la Toison d'or pour la prise de Dole. 48. la prise de Besançon. 49. la consternation des deux Bourgogn.
50. la triple Alliance desfaite. 51. Elevation du fronton du Louure. 52. la Paix par la Maistre. 53. Hercule changée en Oliuien. 54. la Flandre subjuguée. 55. la
Flotte brulée a Palerme. 56. publication de la Paix. 57. la Paix. 58. le Roy arbitre de la Paix et de la Guerre. 59. les bastimens Royaux. 60. Strasbourg. 61.
la reünion des Princes. 62. les soins de la Religion. 63. la Machine de Marly. 64. les Aque Ducs de Maintenon. 65. l'assemblée du Clergé. 66. les
basées Temples ruinés. 67. la Paix. 68. la santé du Roy. 69. Monseig.r va a Philisbourg. 70. Philisbourg pris. 70. Villes bombardées et bruslées pour obliger les
Ennemis à la Paix.

MAJOR · AB · ADVERSIS
AUDACES . . . VIAS
RADIUM · EXCUTIT · NON
ET · FACIT · ET · . . . SERVAT
UT · FRÆSIT · ET · PROD . . .
CRESCENT · IN · FULMINA
ETIAM · SPE · FULMINIS · . . .
OMNIA · SOLI
LUCET · AGITQUE · UNUS
FACIT · OMNIA · LÆTA
QUIS · NUNC · IMPUNE · IACESSET
IUNCTA · ARMA · DECORI
QUO · NULLA · PRIOR . . .
. . . TATE · T · ISTA · LATE . . .
. . . ACQUIRIT · EUNDO
. . . RIA · OMNIA · CON . . .
TUS · NEC · DE . . .
NUSQUAM · META · MIHI
TOTO · EMICAT · ORBE
NON · PRÆSTAT . . . QUOD . . .
NUSQUAM · DE · VIVO
. . . CUS · VII
DECIMO · QUARTO
B.R

DEVISES
POVR LE ROY
DEPVIS SA NAISSANCE IVSQV'A SA MAJORITÉ.

LE SOLEIL

1. SOIT DEVANT, SOIT APRES, TOVT EST MOINDRE QVE LVY.
2. QVEL SERA LE MIDY D'VN SI BEL ORIENT !
3. C'EST POVR LE BIEN PVBLIC QV'IL SE LEVE.
4. DANS SON MIDY QV'IL NOVS PAROITRA GRAND !
5. AVANT LES ARDEVRS LA LVMIERE.
6. ON NE VOIT PAS ENCOR CE QV'IL SERA BIENTOT.
7. GRAND DES SON AVRORE.
8. QVELLES ARDEVRS N'EXCITERAT'IL PAS !
9. IL VA RENOVVELLER LE MONDE.
10. IL FAIT LA JOYE DV MONDE.
11. IL SVIT FIDELEMENT LE GVIDE QVI LE MENE.
12. TOVT EST HEVREVX DE S QV'ON A PV LE VOIR.
13. SES ACTIONS SONT AVTANT DE MIRACLES.
14. IL LES EFFACE TOVS.
15. TOVT LE MONDE A BESOIN DE MOY.
16. PLVS IL EST ATTENDV, PLVS SA VENVE EST CHERE.
17. IL DONNE DE L'ECLAT A TOVT CE QV'IL REGARDE.
18. PLVS DE VERTV QVE DE LVMIERE.
19. IL EST COMME LE DIEV DE CE MONDE VISIBLE.
20. AVX GRANDS COMME AVX PETITS EGALEMENT AIMABLE.
21. TOVT AVTRE ECLAT S'EFFACE DEVANT LVY.
22. COMBIEN EN CACHE T'IL ?
23. PLVS POVR LE MONDE QVE POVR LVY.
24. RIEN DE PLVS GRAND RIEN DE SEMBLABLE A LVY
25. AVTANT DE BONTE QVE D'ECLAT.
26. DE SES PROPRES RAYONS IL SÇAIT SE COVRONNER.
27. LVY SEVL PEVT FAIRE VOIR CE QV'IL A DE LVMIERE.
28. SON ECLAT LVY SVFFIT SANS EN CHERCHER AILLEVRS.
29. IL EN COUVRE PLVS QV'IL N'EN MONTRE.
30. SANS POUVOIR L'OBSCVRCIR SANS POUVOIR L'ARRESTER.
31. SA VERTV QVAND IL FAVT SÇAIT SE FAIRE PASSAGE.

POVR LA MAJORITÉ

32. La Lune dans sa plenitude. L'EQVATOR[IEME] Nos Roys sont Majeurs a quatorze ans comme la Lune est pleine le 14 Iour. LOVIS 14 fait aussi toute la plenitude de la Gloire et de l'Eclat que la France peut auoir.
33. Le soleil en son Midy. IL A TOVT SON ECLAT TOVT EST PLEIN DE SA GLOIRE.
34. Le soleil leuant et les Estoiles qui disparoissent. QVAND IL PAROIT TOVS LES ASTRES SE CACHENT.
35. Le soleil. LVY SEVL AGIT ET LVY SEVL NOVS ECLAIRE.
36. Le soleil au milieu des brouïllars. IL N'EN PERDRA PAS VN RAYON.
37. Le soleil au milieu des brouïllars. CE QVI S'OPPOSE A LVY NOVS LE FAIT VOIR PLVS GRAND.
38. Le soleil dans le Zodiaque. IL VA SON CHEMIN SANS RIEN CRAINDRE.
39. Vn ieune Lion. SA FORCE ET SON COVRAGE AVGMENTENT TOVS LES IOVRS.
40. Le soleil leuant. POVR REGIR L'VNIVERS ET POVR FAIRE DV BIEN.
41. Le soleil et des cadrans. IL OBSERVE LES LOIS ET LES PRESCRIT AVX AVTRES.
42. Vn ieune aiglon. BIEN TOT PREST A PRENDRE LA FOVDRE.
43. Le mesme. IL BRVLE DV DESIR DE LANCER LE TONNERRE.
44. Le soleil. IL FAIT TOVT PAR LVY MESME ET SANS AVCVN SECOVRS.
45. Vne riuiere dans une Campagne. IL VA PORTER PAR TOVT L'ABONDANCE ET LA IOYE.
46. Vn ieune Lion couché. QVI POVRRA DESORMAIS L'ATTAQVER SANS LE CRAINDRE.
47. Vne Rose. QVELLE BEAVTE DE LE VOIR SOVS LES ARMES !
48. Le Vaisseau des Argonautes. OV NVL AVTRE AVANT LVY N'AVOIT OSE PASSER.
49. Le soleil leuant. PLVS IL VA S'AVANÇANT PLVS IL SE FORTIFIE.
50. Vn Vaisseau. CONTRE TOVS LES DANGERS.
51. Vn Aigle. NY LES FORCES NY L'AGE NE LVY MANQVENT PAS.
52. Le soleil. NVLLE BORNE A SA GLOIRE.
53. Le Firmament semé d'Estoiles et le soleil qui ua se leuer. MILLE NE FEROIENT PAS CE QV'IL FERA LVY SEVL.
54. Le soleil dans le Zodiaque. SANS IAMAIS S'ECARTER TANT SOIT PEV DE SA ROVTE.
55. Le soleil. VNIQVE AV MONDE AV QVEL SEVL IL SVFFIT.

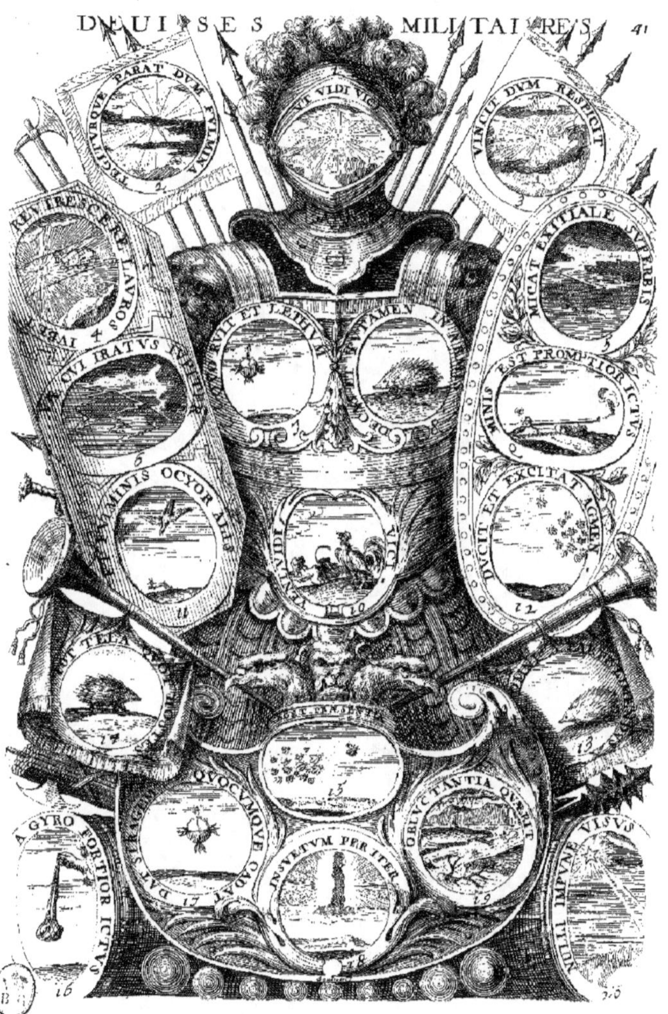

POVR LE MARIAGE

56. Le soleil. ses chastes feux font la fecondité.
57. Le soleil auec un miroir ardent.
et plus d'Eclat et plus d'ardeur.
58. Le Phenix sur son bucher regardant le
soleil.
59. Vn Encensoir fumant.
c'est un feu sacre qui l'embrase.

POVR LA REINE

60. l'Arcenciel. Je viens donner la paix.
et l'anoncer au Monde.
61. La Lune. Chacun sçait qui
m'allume.
62. Le mesme corps. Tous ont
Les yeux sur Moy. Je les ay
sur luy seul.

POVR L'ENTREE DE LA REINE

63. la belle estoile du matin.
Je brille pour luy seul.
64. Deux riuieres qui entrent dans un mesme lit.
Quels biens pour l'vniuers d'une
vnion si belle.
65. Le Phenix sur son bucher.
Pour suruiure a soy mesme en
laissant son semblable.
66. Le nid de l'Alcyon.
Quand elle est Mere elle apporte la paix.
67. Vne perle.
Pour faire honneur a la Couronne.
68. Deux palmiers panchez l'un vers l'autre.
l'Amour de l'un ne cede point a l'autre.
69. Vne nacre de perle dont les deux coquilles
sont egales. Leur parfaite vnion.
en leur egalité.
70. l'Estoile du matin.
C'est du soleil la compagne fidele.
71. Vn Aigle. Seule digne de Iupiter.
72. Vne estoile. par tout l'Eclat
accompagne ses pas.
73. Vn Aigle auec son aiglon. dignes de
Iupiter sont la Mere et le Fils.
74. l'Arcenciel. du retour de la Paix
presage auantageux.
75. Vne estoile. heureux qui peut
sentir ses douces influences.

DEVISES MILITAIRES

1. Le soleil dissipant des nuages. des que
ie les ay vus ils ont esté vaincus.
2. Le soleil sous des nuages.
a couuert il prepare la foudre.
3. Le soleil et les brouillars.
Assez de les voir pour les vaincre.
4. Le soleil au signe du belier. Il va
faire bien tot reuerdir les
Lauriers.
5. La foudre. son eclat est fatal
a cent testes superbes.
6. La foudre. Malheur a ceux
que Iupiter menace.
7. Vne bombe. Tous ses coups
sont mortels.
8. Vn porc Epy. Il luy sied bien
de viure sous les armes.
9. Vn Mousquet. Il a plutot frappé
qu'on n'a senti le coup.
10. Vn Coq qui fait fuir un Lion.
Assez de le voir pour le vaincre.
11. Vn Aigle fondant sur la praye.
plus vite que la foudre.
12. le Roy des Abeilles auec son essain.
Il les anime et les mene
au combat.
13. Vn porc Epy.
autant de traits que d'ennemis.
14. Vn porc Epy.
de toutes parts a craindre.
15. le Roy des Abeilles.
sa presence les anime.
16. Vne fronde. En tournant elle rend
son coup beaucoup plus fort.
LE ROY pour tromper les ennemis fit
diuers detours en flandres et apres
assiegea des Villes aux quelles on ne
s'attendoit pas qu'il dut aller.
17. Vne Bombe. Quel fracas dans
les lieux ou son ardeur le porte.
18. la Colonne qui conduisit les hebreux au
trauers de la mer rouge par vn chemin qui
n'estoit pas connu. Pour le
passage du Rhin.
19. Vn Torrent. Il renuerse ce qui resiste.
20. Vne Comete. Qui le voit sans trembler?

LITS DE IVSTICE TENVS PAR LE ROY, ET PREMIERS PRESIDENS NOMMEZ PAR SA MAJESTE
PARIS
GRENOBLE
ROVEN
BORDEAVX
TOLOSE
DIJON
AIX
RENNES
METS
TOVRNAY
PIGNEROL
PERPIGNAN
PARLEMENT de DOLE transferé a BESANÇON 1676
DELIGIT VNVS
LVCEMVS AB VNO
CONSEIL D'ARTOIS
CONSEIL DE ROVSSILLON
CONSEIL D'ALSACE Transferé a BRISAC 23 Sept. 1675
Scarron
Scarron
Ferdinand Jobert
Colbert de Croissy
le Labourer

LE ROY GOUVERNANT SES ESTATS PAR LVY MESME

1 le Soleil, Quand trouvera ton son Semblab[le]
2 Il voit tout par luy mesme
3 Par tout Grand
4 Par tout Magnifique.
5 un Atlas portant le Ciel, il suffit seul a soutenir ce Poids.
6 un Oranger chargé de Fleurs, et de Fruits, Que de Fruits avancez en la Fleur de Ieunesse.
7 le Soleil, le Mouvement rehausse son Eclat.
8 Vne Horloge a Pendule, Que de mouvemens secrets auant que de l'Entendre.
9 un Elephant chargé d'une Tour remplie de Soldats il en porte le Poids sans en estre accablé.
10 Pour le conseil une Ruche. Nul n'en penetre le secret.
11 un Cric, et la Force, et l'addresse.
12 un Grand citronnier chargé de Fleurs et de Gros Fruits. Grandes productions et de toutes Saisons.
13 un Devidoir, il Enveloppe, et Developpe.
14 un Elephant chargé d'une Tour, tousjours d'un pas egal il marche sous sa charge.
15 une Perle, des Tempestes a la Couronne. c'est ainsy que le Roy a passé des troubles de sa Minorité aux Conquestes, et aux Triomphes.
16 un Gouvernail de Vaisseau, aux Flots il fait la Loy.
17 une Grue a elever des Pierres. tout cede a son adresse aussy bien qu'a sa Force.
18 le Soleil et des oiseaux en l'air. Heureux d'estre eclairez d'une telle Lumiere.
19 un Esmail battu des vents et des Flots, il voit sans s'ébranler leurs violens efforts. Pour les mouvemens de toute l'Europe contre le Roy.
20 un Vaisseau, il soumet la Fortune aux Loix de son addresse.
21 Tousjours a pleines voiles.
22 un Vaisseau auec la Boussole. C'est son attention qui rend sa course Heureuse
23 a ce Pilote adroit tout vent est Favorable.
24 une main auec la Sonde sur le Bord d'un Vaisseau. cette Application en fait la sûreté.

DEVISES DES LITS DE IVSTICE

1 un Compas, auec Iustesse il Regle touttes choses
2 le Soleil et des Cadrans, il nous dirige tous.
3 une Balance, en sa Langue la Loy.
4 le Soleil et les Estoiles, d'un seul nous tirons nos Lumieres.
5 le Premier Mobile. Luy seul les Regit tous.
6 la Façade d'un Bastiment, les Ordres distinguez en font tout l'Ornement.
7 une Grenade ouverte, Pour tant de sieges une seule Couronne.
8 un Essaim d'Abeilles, sur l'Exemple du Roy.
9 un Echiquier, le soin du Roy fait la Loy de ce Ieu.
10 des Cadrans, nos Arrests sont des Loix.

les armoiries de tous les premiers Presidens, que le Roy a nommez dans tous les Parlemens et dans tous les conseils souverains de son Royaume, sont representées sous chacune de ces Iurisdictions, avec le temps de leur nomination ou de leur prise de Possession.

INSCRIPTION DE LA STATVE DE L'HOSTEL DE VILLE DE PARIS

A LA GLOIRE

DE

LOVIS LE GRAND

TOVSIOVRS VAINQVEVR, TOVSIOVRS PACIFIQVE

PROTECTEVR DE L'EGLISE, ET DES ROIS

LES PREVOST DES MARCHANDS, ET ESCHEVINS
ONT ELEVÉ CE MONVMENT ETERNEL
DE LEVR FIDELITÉ, DE LEVR RESPECT,
DE LEVR ZELE, ET DE LEVR RECONNOISSANCE

L'AN DE GRACE. M.DC.LXXXIX.

CES EMBLEMES ET CES DEVISES REPRESENTENT CE QVE LE ROY A FAIT POVR LA RELIGION

1. Les trauaux d'Hercule mis en Constellations.
2. La Foudre. pour defendre les droits du ciel.
3. Les Geants ecrasez sous des rochers par la foudre. pour auoir osé se souleuer contre le ciel.
4. L'hydre. Luy seul apû triompher de ce monstre.
5. Vn essaim d'abeilles ses premiers soins pour l'honneur des autels.
6. le Næu gordien coupé par Alexandre. d'autres en vain l'auroient entrepris.
7. Vn bastiment renuersé par la foudre. pour les temples des heretiques detruits.
8. Le soleil. l'Amour du Ciel et l'honneur de la Terre.
9. les testes de l'hydre coupées. Elles ne peuuent plus nuire.
10. Vne lampe d'Eglise. L'ornement des autels.
11. L'hydre. d'vn seul coup abbatue. pour l'Edit d'octobre.
12. vn lys que fuyent des serpens.
13. vn vase de fleurs pour orner les autels.
14. des oiseaux de nuit qui fuyent le soleil.
15. le soleil leuant.
16. des grenouilles qui crient contre le soleil.
17. le soleil connu par ses bien faits dans les deux hemispheres.
18. vn coq sur un clocher. la Marque de la vraye Religion.
19. vn cierge allumé sur vn autel. Il fait honneur aux autels.
20. Vne main qui taille vn arbre. Il oste ce qui nuiroit.
21. Vne galere auec ses Fanaux. pour les empescher de s'égarer.
22. Le soleil au signe du bellier. la Terre va changer de face.
23. vn chien qui poursuit des brebis. c'est vne douce violence.
24. le soleil qui eleue des vapeurs. par vos bien faits nous approchons du ciel.
25. des arbres taillez et chaguez pour les faire monter. afin qu'ils s'approchent du ciel.

DECLARATIONS DV ROY CONTRE LES HERETIQVES DV ROYAVME
Renocation de l'Edit de Nantes
22 Octobre 1685
Chambres de l'Edit
Supprimées
Collèges Supprimez Sedan Saumur Die Puylaurens
Languedoc Guienne Daufiné
Paris Rouen
ASSEMBLEES DV CLERGE ET REMONTRANCES AV ROY POVR LA RELIGION
a Paris 1650
a Paris 1655
a Pontoise 1665
a Pontoise 1670
a St Germain 1675
a St Germain 1680
a St Germain 1655
DEFENSES FAITES A CEVX DE LA PRETENDVE RELIGION PAR DIVERS EDITS

Rüe de la Feüillade. B.
N. Guerard del. et sculp.
B

Le Roy donne la Paix à
Le Passage du Rhin.
Le Groupe de la Statüe du R.
de hauteur tout d'un jet, les q.
ont 12. pie.̄ le tout est de Bronze
Desiardins. le pied destal est de

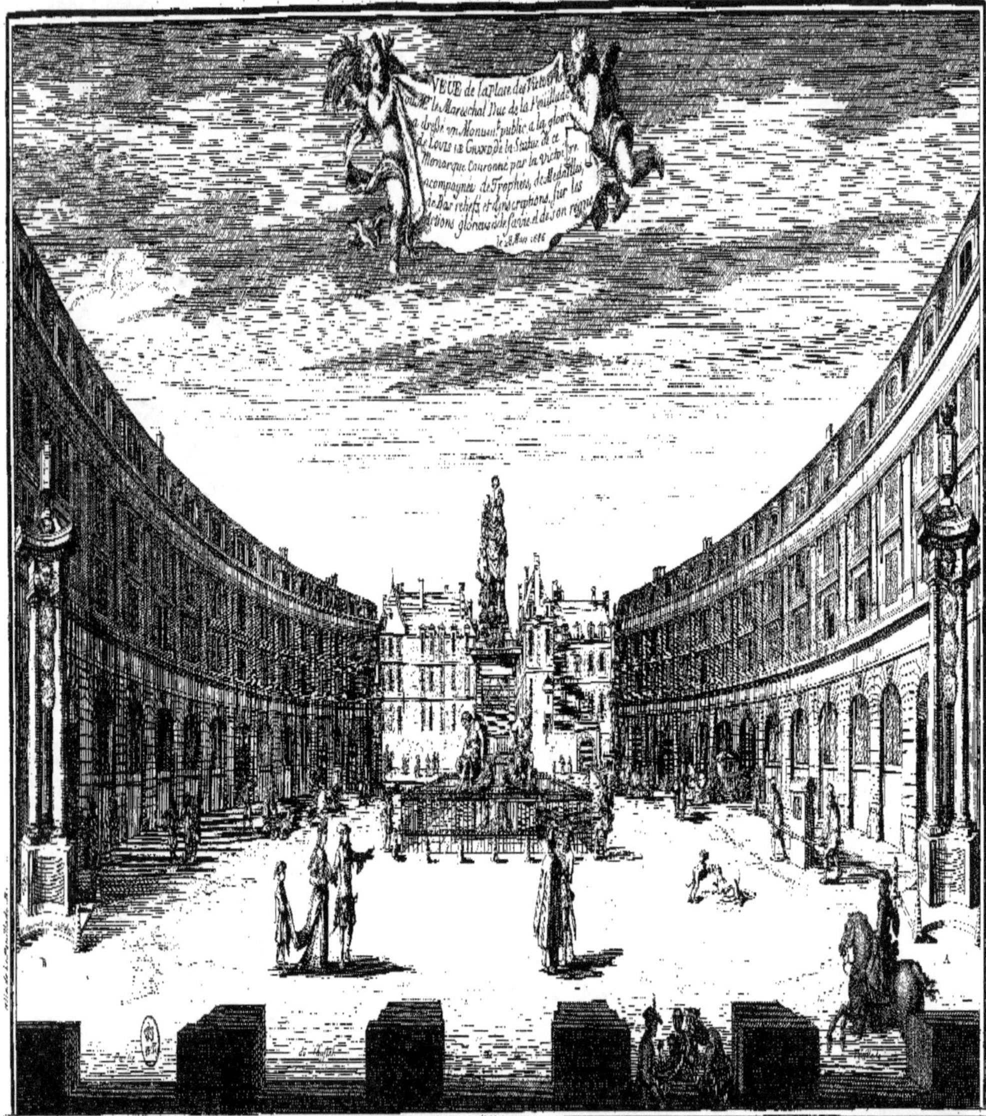

VEÜE de la Place des Victoires
où M.r le Mareschal Duc de la Feuillade
a dressé un Monum.t public a la gloire
de Louis le Grand, de la Statue de ce
Monarque Couronné par la Victoire,
accompagnée de Trophées, de Medailles,
de Bas reliefs et d'inscriptions, sur les
actions glorieuses de sa vie et de son regne
le 28 Mars 1686

INSCRIPTIONS LATINES ET FRANCOISES DE LA DEDICACE ET DU SUJET DE TOUT L'OUVRAGE.

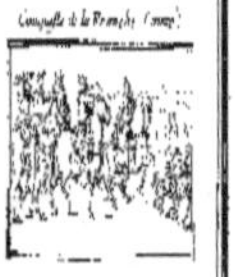

LVDOVICVS MAGNVS FRAN ET NAVR REX
PERENNI
LVDOVICI MAGNI GLORIAE
PATRIAE ORNAMENTO
CONCIVIVM AMORI ET BENEVOLENTIAE
FRANCISCVS GIRARDON TRECENSIS
SCVLPTOR REGIVS
· P · D · C ·
Consentientibus omnibus Trecensis vrbis ordinibus
Plaudente Populo
Rege approbante.

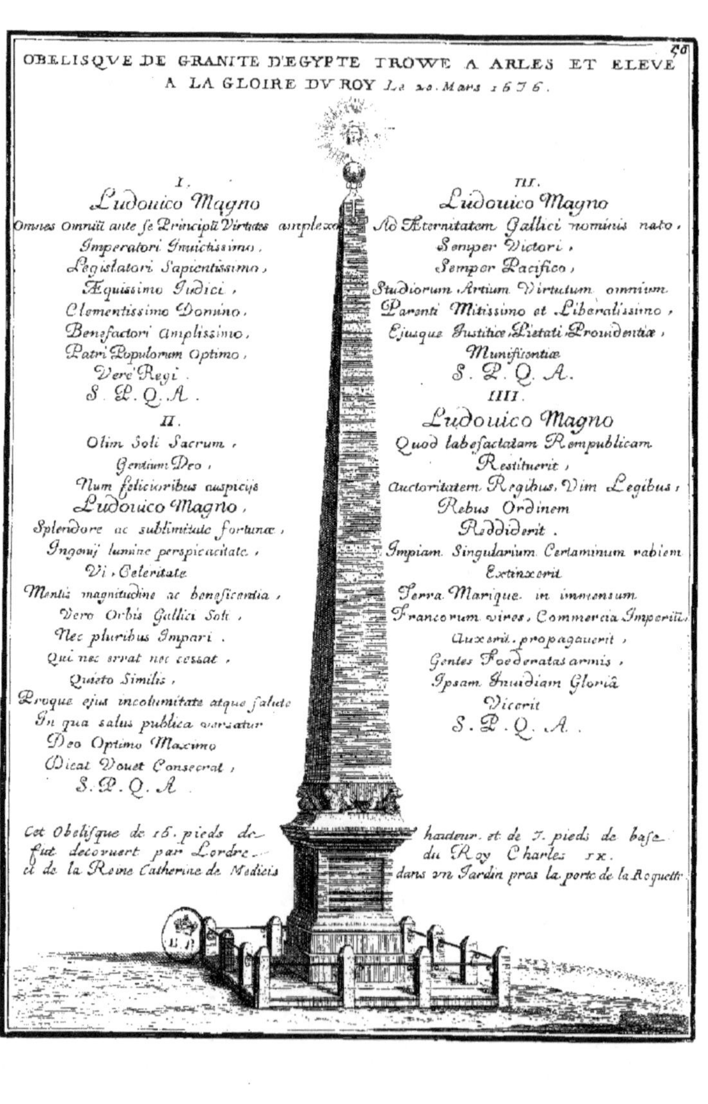

OBELISQVE DE GRANITE D'EGYPTE TROWE A ARLES ET ELEVE
A LA GLOIRE DV ROY Le 20. Mars 1676.

I.
Ludouico Magno
Omnes Omniü ante se Principü Virtutes amplexo
Imperatori Inuictissimo,
Legislatori Sapientissimo,
Æquissimo Iudici,
Clementissimo Domino,
Benefactori Amplissimo,
Patri Populorum Optimo,
Vere Regi.
S. P. Q. A.

II.
Olim Soli Sacrum,
Gentium Deo,
Num felicioribus auspicijs
Ludouico Magno,
Splendore ac sublimitate fortunæ,
Ingenij lumine perspicacitate,
Vi. Celeritate
Mentis magnitudine ac beneficentia,
Vero Orbis Gallici Soli,
Nec pluribus Impari.
Qui nec errat nec cessat,
Quieto Similis,
Proque ejus incolumitate atque salute
In qua salus publica versatur
Deo Optimo Maximo
Dicat Vouet Consecrat,
S. P. Q. A.

III.
Ludouico Magno
Ad Æternitatem Gallici nominis nato,
Semper Victori,
Semper Pacifico,
Studiorum Artium Virtutum omnium
Parenti Mitissimo et Liberalissimo,
Ejusque Iustitiæ Pietati Prouidentiæ,
Munificentiæ
S. P. Q. A.

IIII.
Ludouico Magno
Quod labefactatam Rempublicam
Restituerit,
Auctoritatem Regibus, Vim Legibus,
Rebus Ordinem
Reddiderit.
Impiam Singularium Certaminum rabiem
Extinxerit
Terra Marique in immensum
Francorum vires, Commercia Imperiü
Auxerit, propagauerit,
Gentes Foederatas armis,
Ipsam Inuidiam Gloriâ
Vicerit
S. P. Q. A.

Cet Obelisque de 16. pieds de hauteur et de 7. pieds de base
fut decoruert par Lordre du Roy Charles IX.
et de la Reine Catherine de Medicis dans vn Iardin pres la porte de la Roquette

PRELATS ASSOCIES A L'ORDRE
OFFICIERS DE L'ORDRE

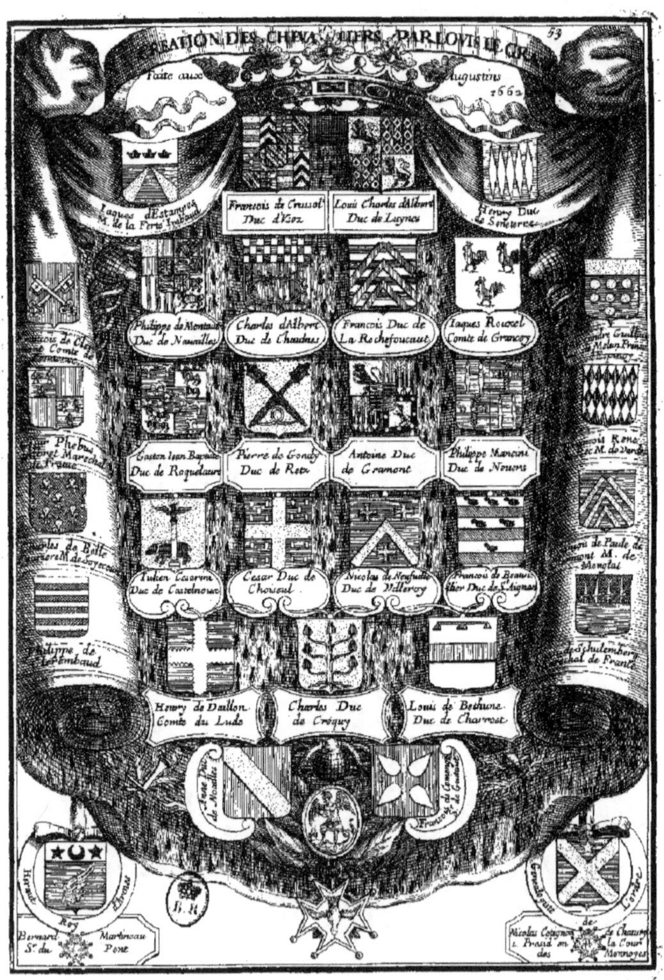
CREATION DES CHEVALIERS PAR LOUIS LE GR
59
Faite aux Augustins
1662
Iaques d'Estampes
M. de la Ferte Imbaut
Francois de Crussol
Duc d'Vzes
Louis Charles d'Albert
Duc de Luynes
Henry Duc
de Sourdeac
Philippe de Montaut
Duc de Navailles
Charles d'Albert
Duc de Chaulnes
Francois Duc de
La Rochefoucaut
Iaques Rouxel
Comte de Grancey
Gaston Iean Baptiste
Duc de Roquelaure
Pierre de Gondy
Duc de Retz
Antoine Duc
de Gramont
Philippe Mancini
Duc de Nevers
Iulien Cesar Auguste
Duc de Castelnovau
Cesar Duc de
Choiseul
Nicolas de Neufville
Duc de Villeroy
Francois de Beau
ther Duc de S. Aignan
Philippe de
Lesembaud
Henry de Daillon
Comte du Lude
Charles Duc
de Créquy
Louis de Bethune
Duc de Charrost
Bernard
S. du
Martineau
Pont
Nicolas Cotignon
Proud en
des
Chauon
la Cour
Monnoyes

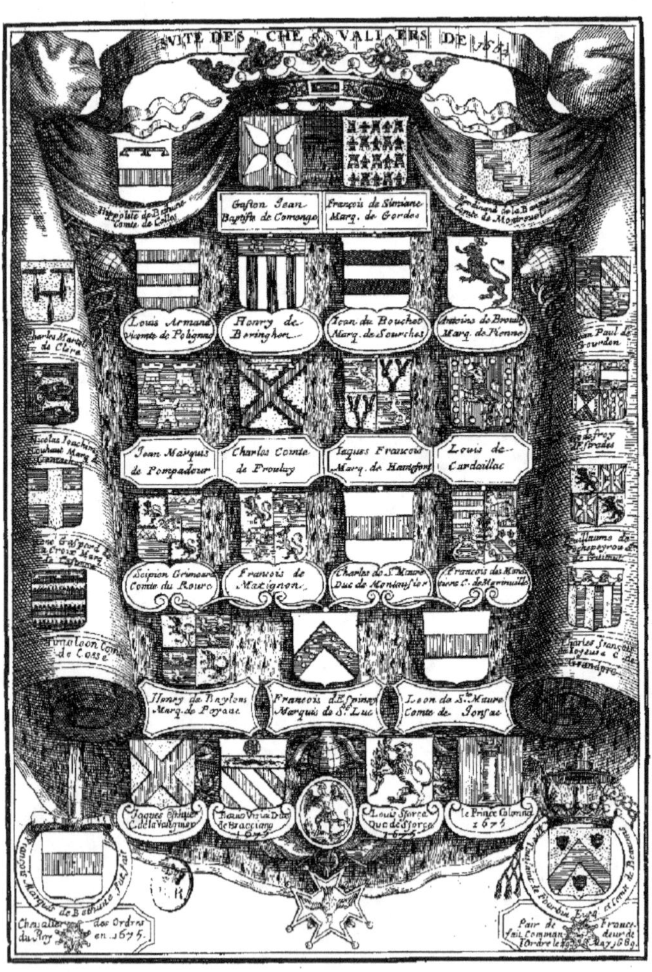

SVITE DES CHEVALIERS DE 1674
Hippolite de Bethune Comte de Selles
Gaston Jean Baptiste de Comenge
François de Simiane Marq. de Gordes
Ferdinand de la B... Comte de Montreuel
Charles Marquis de Clere
Jean Paul de Gourdon
Louis Armand Vicomte de Polignac
Henry de Beringhen
Jean du Bouchet Marq. de Sourches
Antoine de Brouilly Marq. de Piennes
Nicolas Ioachim Rouhant Marq. de Gamaches
Godefroy d'Estrades
Jean Marquis de Pompadour
Charles Comte de Froulay
Iaques François Marq. de Hautefort
Louis de Cardaillac
Anne Gaspard de la Croix Marq. de Castries
Guillaume de Pechepeyrou C. de Calluau
Scipion Grimoard Comte du Roure
François de Matignon
Charles de St Maure Duc de Montausier
François des Mareure C. de Merinville
Timoleon Comte de Cosse
Charles François Joyeuse C. de Grandpré
Henry de Baylens Marq. de Poyane
François d'Espinay Marquis de St Luc
Leon de St Maure Comte de Ionsac
Iaques Oihier C. de la Vauguion
Brauo Vrsin Duc de Bracciano 1675
Louis Sforce Duc de Sforce 1675
le Prince Colonne 1675
François Marquis de Bethune Puisac Chevaliers des Ordres du Roy en 1675
...de Bourbon ... et Comte de Bus... Pair de France fait Commandeur de l'Ordre le 30 May 1689

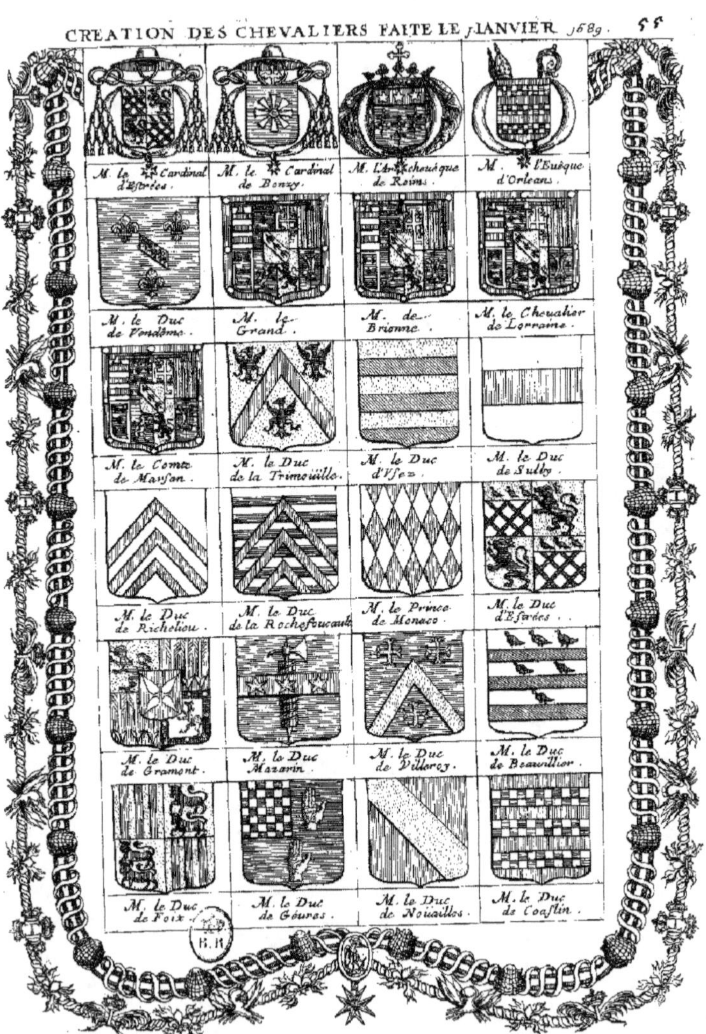
M. le Cardinal d'Estrées .
M. le Cardinal de Bonzy .
M. L'Archevêque de Reims .
M. L'Eûesque d'Orleans .
M. le Duc de Vendôme .
M. le Grand .
M. de Brienne .
M. le Chevalier de Lorraine .
M. le Comte de Marsan .
M. le Duc de la Trimouille .
M. le Duc d'Usez .
M. le Duc de Sully .
M. le Duc de Richelieu .
M. le Duc de la Rochefoucault .
M. le Prince de Monaco .
M. le Duc d'Estrées .
M. le Duc de Gramont .
M. le Duc Mazarin .
M. le Duc de Villeroy .
M. le Duc de Beauvillier .
M. le Duc de Foix .
M. le Duc de Gèvres .
M. le Duc de Noüailles .
M. le Duc de Coaslin .

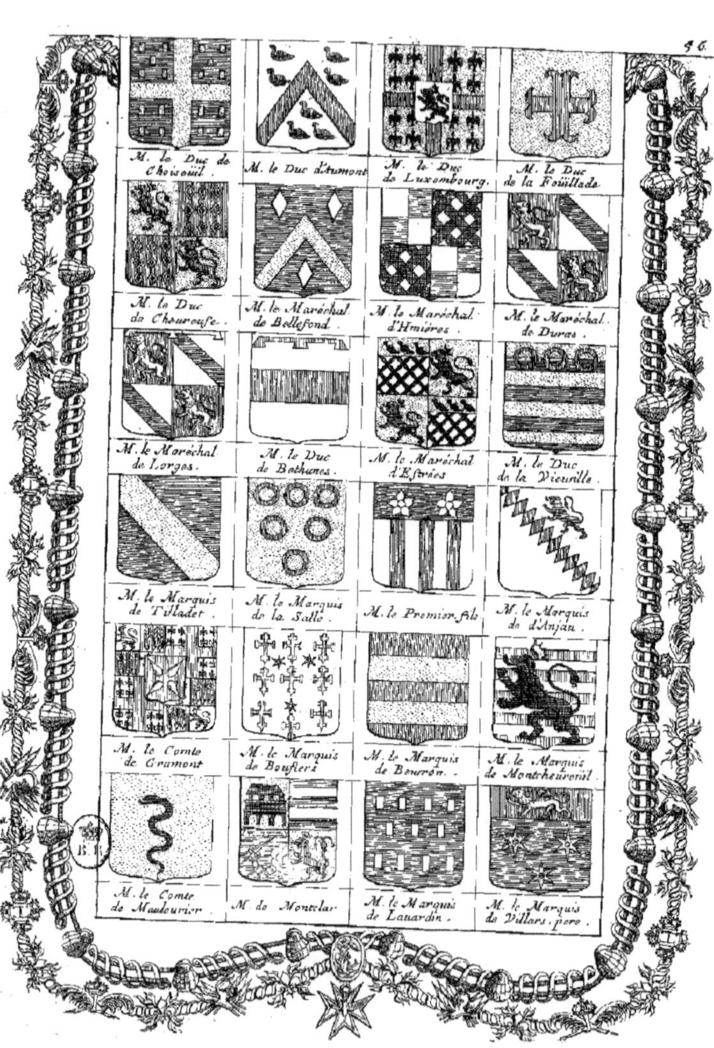

M. le Duc de Choiseuil.
M. le Duc d'Aumont.
M. le Duc de Luxembourg.
M. le Duc de la Foüillade.
M. le Duc de Chevreuse.
M. le Maréchal de Bellefond.
M. le Maréchal d'Humières.
M. le Maréchal de Duras.
M. le Maréchal de Lorges.
M. le Duc de Bethunes.
M. le Maréchal d'Estrées.
M. le Duc de la Vieuville.
M. le Marquis de Tilladet.
M. le Marquis de la Salle.
M. le Premier fils.
M. le Marquis de d'Anjau.
M. le Comte de Gramont.
M. le Marquis de Boufleri.
M. le Marquis de Bourron.
M. le Marquis de Montcheuroüil.
M. le Comte de Maulevrier.
M. de Montclar.
M. le Marquis de Lauardin.
M. le Marquis de Villars, pere.

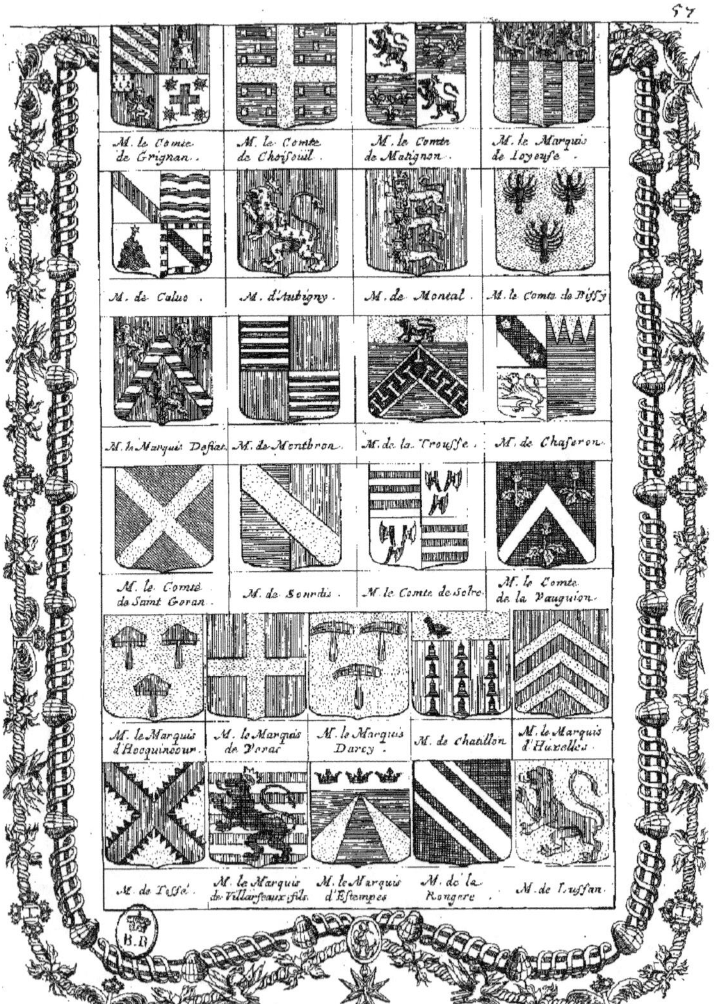

M. le Comte de Grignan.
M. le Comte de Choiseuil.
M. le Comte de Matignon.
M. le Marquis de Joyeuse.
M. de Caluo.
M. d'Aubigny.
M. de Montal.
M. le Comte de Biffy.
M. le Marquis Defiat.
M. de Montbron.
M. de la Trousse.
M. de Chaferon.
M. le Comté de Saint Geran.
M. de Sourdis.
M. le Comte de Selve.
M. le Comte de la Vauguion.
M. le Marquis d'Hocquincour.
M. le Marquis de Verac.
M. le Marquis Darcy.
M. de Chatillon.
M. le Marquis d'Huxelles.
M. de Tessé.
M. le Marquis de Villarseaux fils.
M. le Marquis d'Estampes.
M. de la Rongere.
M. de Luffan.

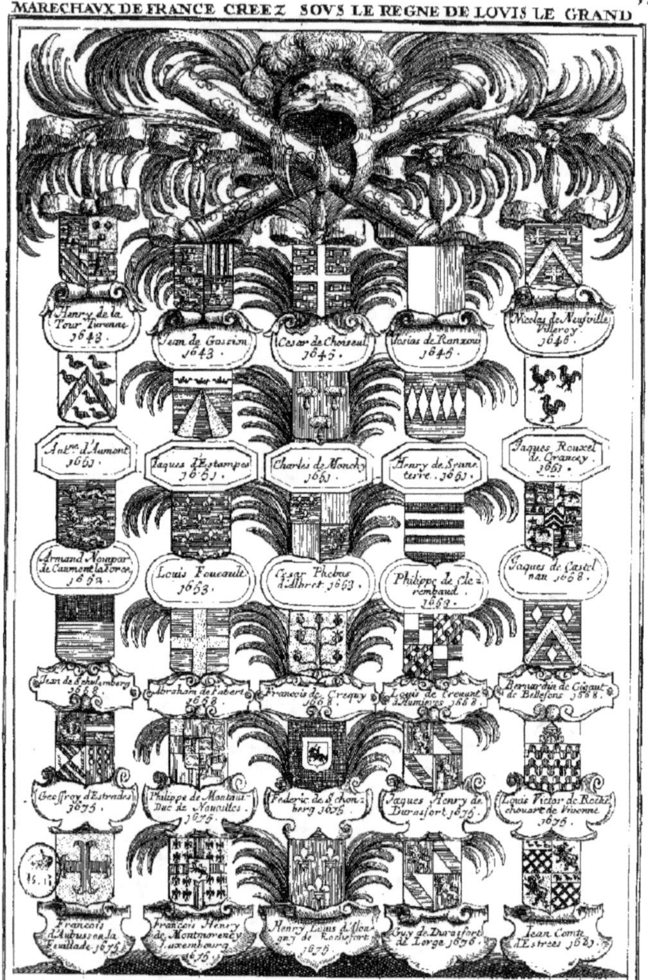
Henry de la Tour Turenne 1643
Jean de Gassion 1643
Cesar de Choiseul 1645
Josias de Ranxou 1645
Nicolas de Neufville Villeroy 1646
Ant.re d'Aumont 1651
Jaques d'Estampes 1651
Charles de Monchy 1651
Henry de Senne=terre 1651
Jaques Rouxel de Grancey 1651
Armand Noupar de Caumont la Force 1652
Louis Foucault 1653
Cesar Phebus d'Albret 1653
Philippe de Cle=rembaud 1653
Jaques de Castel nau 1658
Jean de Schulamberg 1658
Abraham de Fabert 1658
Francois de Crequy 1668
Louis de Crevant d'Humieres 1668
Bernardin de Gigaut de Bellefons 1668
Geoffroy d'Estrades 1675
Philippe de Montaut Duc de Navailles 1675
Federic de Schon=berg 1675
Jaques Henry de Durasfort 1675
Louis Victor de Rochechouart de Vivonne 1675
Francois d'Aubusson la Feuillade 1675
Francois Henry de Montmorency Luxembourg 1675
Henry Louis d'Alon=gny de Rochefort 1675
Guy de Durasfort de Lorge 1676
Jean Comte d'Estrees 1681

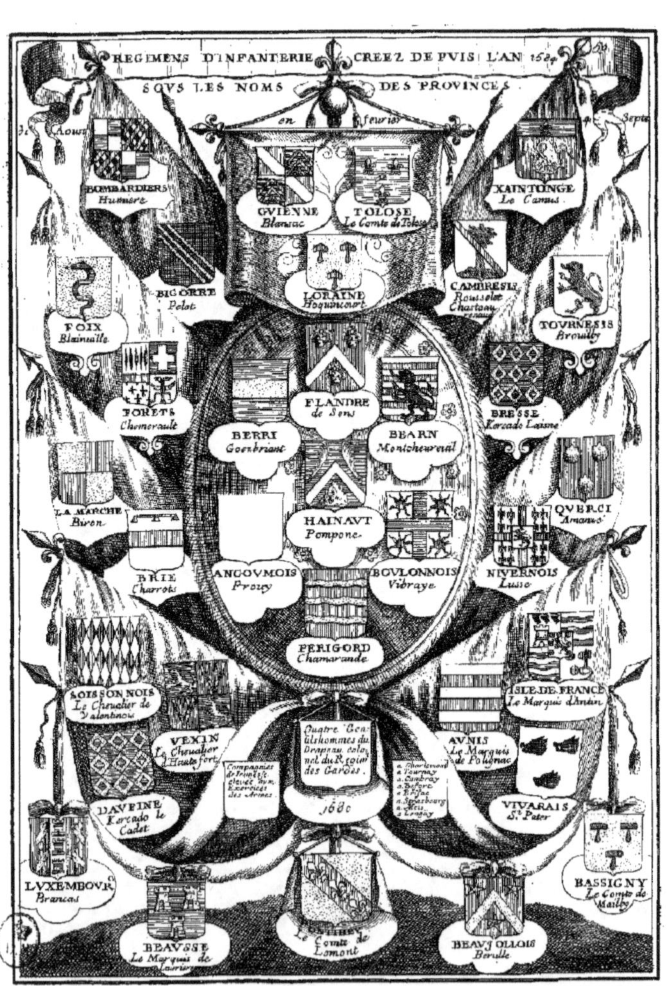

Regimens d'Infanterie creez depuis l'an 1684 sous les noms des provinces.

PROTECTION DES SCIENCES ET DES BEAVX ARTS
Academie des Sciences establie dans la Bibliotheque Royale 1662
Journal des Sauans 1665
Journal du Palais 1672
Journal de Medecine
Mercure galant 1677
MATERNIS NVSIBVS ABDAM
Academie de Soissons
IVVENIVT EODEM
Academie d'Arles 1669
LOVIS LE GRAND ROY DE FRANCE
...de l'Academie François
PROTECTEVR DE L'ACADEMIE FRANÇOISE
A L'IMMORTALITE
...ont le Roy prit la protection...
EMVLA LAVRI
Academie de Nismes 1682
MVTVO CLARESCIMVS IGNE
Academie de Villefranche
Maison des Gobelins
cette Academie n'a point encore de Devise
Academie d'Angers 1685
NIM PROMOVET INSITAM
Societé Royale de Medecine 1688
LA MACHINE
Ouverture des leçons du Droit François 8 Decembre 1680
Academie de Peinture Sculpture Architecture 1648
Ecole de Mathematique establit a Nantes...

AVERTISSEMENT

La Diversité des temps auxquels la pluspart de ces Medailles ont esté frappées, et la Difficulté de les assembler n'ont pas permis d'observer exactement l'ordre des dates en la Disposition qu'on en a faite; mais comme on les a approchées les vnes des autres autant que l'on a pû il sera aisé par les Legendes de distinguer les actions et les evenemens qui en ont fourni les Sujets.

On a Expliqué ces Sujets en peu de mots sous chaque medaille, les Devises, et les Iettons, sont aussy Expliquez separement.

Pour euiter les defauts de la pluspart de semblables Recueils, on n'a fait grauer que des medailles desja faites, on ne les a point ombrées, et pour en rendre la Vûe plus agreable on les a toutes tenües dans vne mesme grandeur. on a suivi fidelement la position des figures qui sont d'apres d'Excellens maistres Comme ce sont les plus habiles Gens du Royaume qui en ont Inventé les Types et les Inscriptions. il suffit de dire que Mrs Perrault, Charpentier, et la Chapelle en sont les Principaux autheurs, Que Mr le Brun Mr Mignard. etc. les ont la pluspart Dessinées, et que les Quarrez sont de Mrs Rotier, Cheron, Roussel, Bernard, Breton, Mauger, Molart, de la Haye, Hory, Ferme, Loir, Reuoyre, Hupierre, etc. dont les noms, ou les Premieres Lettres des noms sont Marquées en quelques vnes.

Quelques vnes des premieres sont du celebre Varin, a qui on doit la Perfection des Medailles, et des Monnoyes de ce Regne, et du Regne precedent.

on n'a graué que les Iettons historiques, les Devises d'vn grand nombre d'autres se trouvent parmy les Devises.

les Armoiries ne seruant qu'à marquer les creations, et les promotions des grands officiers, des cheualiers, et des magistrats, on n'a pas Iugé a propos de les décrire, ny de rapporter plus exactement les noms, et les Qualitez des Personnes, que l'on trouuera ou dans l'Estat de la France, ou dans plusieurs autres Relations Imprimées.

on donnera auec le temps les plus celebres monumens de ce Regne, dont la Place des Victoires, l'obelisque d'Arles, et le monument de la Ville de Troye sont comme la montre.

C'est du cabinet du R.P. de la Chaise confesseur de sa Majesté, que les medailles, et les Iettons ont esté tirez.

on prepare vn Recueil des Inscriptions, qui seules rempliront vn gros Volume.

la Seconde Partie, contiendra les medailles qui ont esté faittes pour plusieurs Personnes Illustres du Royaume, sous le Regne de Louis le Grand.

EXTRAIT DV PRIVILEGE DV ROY

Par Grace, et Privilege du Roy. en 1689. signé Boucher. Il est permis au P. CLAVDE FRANCOIS MENESTRIER DE LA COMPAGNIE DE IESVS, de faire Grauer, Imprimer, vendre, et debiter, en tel volume, marge, caractere, et autant de fois que bon luy semblera vn Liure Intitulé HISTOIRE DV ROY LOVIS LE GRAND Par les Medailles, Emblemes, Devises, Iettons, Inscriptions, Armoiries, et autres Monumens Publics, et ce Pendant le temps et espace de Douze Années consecutives a commancer du Iour que ledit Liure sera acheué. deffenses sont faites a tous Graueurs, Libraires, Imprimeurs, et autres de Grauer ou faire Grauer, Imprimer faire Imprimer, vendre et Distribuer ledit Liure sous quelque pretexte que ce soit mesme de Graueure, ou d'Impression etrangere et autrement, a peine de confiscation de quinze cent liures d'amende, et de tous depens, dommages et Interets.

le P. Menestrier a cedé son Privilege au Sr. Iean Baptiste Nolin Graueur Ordinaire du Roy, suiuant les conuentions faittes entre eux.